Animateurin

Gesundheitsbeauftragte

Lehrerin

Betreuerin

Psychologin

Friseurin

Brötchenverdienerin

Stil(l)beraterin

Krankenschwester

Mediatorin

Köchin

Reinigungsfachkraft

Alleinunterhalterin

Wäscherin

Prophylaxeassistentin

Managerin

Chauffeurin


**kurz: MUTTER!**

Bibliographische Information Der Deutschen Bibliothek: Die Deutsche Bibliothek verzeichnet diese Publikation in der Deutschen Nationalbibliographie;
detaillierte bibliographische Daten sind über http://dnb.ddb.de abrufbar.

ISBN 978-3-7347-6432-5

Herstellung und Verlag: BoD - Books on Demand, Norderstedt

Gestaltung und Satz:
artivista | werbeatelier GbR
www.artivista.de

# 100 TIPPS

## FÜR *(H)EILIGE* MÜTTER

# Inhalt

# Einleitung

Der Spagat zwischen Familie und Arbeit, Beziehung und Freunden, Kindern und eigenen Bedürfnissen beziehungsweise den Alltagsanforderungen ist nicht leicht. Kaum einer weiß das besser als eine (berufstätige) Mutter. Und zwar meist von Anfang an. Fakt ist: Durchschnittlich benötigt ein Kind ca. 4000 Windeln. Bei einer Wechseldauer von 2,3 Minuten bedeutet das: 6,5 Tage Nettozeit, die eine Person mit Windelnwechseln beschäftigt ist. Dazu kommen Wäsche waschen (etwa 2500 mal bis das Kind 18 Jahre alt ist), 6500 mal Mittagessen kochen und 2800 mal den Chauffeur spielen. Zusammen mit Pflaster aufkleben, loben, trösten, bei den Hausaufgaben helfen, etc. sind es pro Tag rund 5,3 Stunden, die man mit Kindererziehung und Hausarbeit beschäftigt ist – ohne Freizeit versteht sich. Das allein ist eine 37-Stunden-Woche, bei unter 3-Jährigen sogar eine 65-Stunden-Woche. Kein Wunder, dass wir immer so müde und gestresst wirken. Erzieherin, Putzfrau, Köchin, Krankenschwester, Chauffeurin. Eine OECD-Studie besagt: Würde eine Durchschnittsmutter für ihren „Job" angemessen bezahlt, ergäbe dies ein Jahreseinkommen von 95.000 EUR (aus den Stundenlöhnen der einzelnen Berufsgruppen errechnet). Ganz schöne Leistung! Vor allem, wenn man bedenkt, dass zwei Drittel noch einen „richtigen" Job haben. Noch ein Grund mehr, die Last auf mehrere Schultern zu verteilen.

*„Menschen, die Zeit haben, sind immer auch Menschen, die nicht glauben, sie müssten alles selbst machen." (Emil Oesch)*

Selbst ständig zwischen Tagesmutter, Büro und Zuhause hin- und herpendelnd wünschte ich mir meist nur eines: Mehr Zeit. Ich begann, mich umzusehen, nachzudenken, zu recherchieren und Gespräche zu führen – ich wollte herausfinden, wie man der „Hektik-Falle" am besten entkommt. Fazit: Organisieren, optimieren, vor allem aber abgeben und gelassener werden. Wie das im Alltag gelingen kann, verrate ich in den folgenden Kapiteln.

Dort habe ich einige Tipps versammelt, die mir geholfen haben, mit Cleverness, Selbstbewusstsein und Disziplin (auch der anderen) vor allem bei den lästigen Dingen ein wenig Zeit „einzusparen". Allerdings nicht, um dann noch mehr zu „schaffen" und zu erledigen, sondern um sie in angenehme Tätigkeiten oder eben Nicht-Tätigkeiten zu investieren. Sprich, das zu tun, was Freude bringt, was den Akku wieder auflädt und einen zu sich selbst zurückfinden lässt.

Damit Sie etwas mehr Zeit zur Verfügung oder zumindest das gute Gefühl haben, habe ich dieses Buch mit 100 kleinen und großen Alltags-Tipps geschrieben. Viel Freude beim Lesen.

# Auf die Plätze fertig los.

**LEKTION 1: DAS LEBEN BESTEHT AUS KOMPROMISSEN!**

Das Baby schreit, der eigene Magen knurrt seit Stunden und gleich kommen Gäste? Essen kochen oder erstmal Knirps füttern? Spätestens beim ersten Kind lernt man, Kompromisse zu machen: Baby stillen und Stulle ... oder eben Essen bestellen ... das leckere geplante Drei-Gänge-Menü kann man jedenfalls erstmal vergessen. Und das ist auch nicht schlimm. Es zählt, was machbar ist. Und was gut tut. Der Rest kann warten. Solange, wie Sie es wollen. (Ich zum Beispiel trage seit der Geburt unseres Sohnes nicht selten zwei verschiedene Socken, weil ich a) keine Lust auf Socken suchen und b) keine Lust auf Socken sortieren habe. Mein Kind trägt übrigens auch öfter mal verschieden farbige Strümpfe. NA UND?)

**BREI(ZEIT):**

Mmpf, schleck, sabber ... Wenn Babys erster Brei fällig ist, ist die Freude oft groß. Nun kann es mit den Großen am Tisch sitzen und „mitessen". Doch dieses Mitessen bedeutet in den ersten Monaten meist Extraschichten am Herd, will man dem kleinen Erdenbürger doch nur das Beste, Frischeste und natürlich Bekömmlichste kredenzen. Da wird also gekocht und gedünstet, zerstampft und zerrieben, gemixt und gerührt. Schließlich ist es gar nicht so einfach, all dieses gesunde (Bio-)Essen in babykonforme Konsistenz zu kriegen. Nun, sehr löblich, doch ist das wirklich nötig bzw. besser als zu kaufende Alternativen? Zeitfressend ist es auf jeden Fall. Fertignahrung muss nicht unbedingt schlechter sein, gerade weil sich die Hersteller grobe Fehler gar nicht leisten können, ihr Ruf wäre dauerhaft geschädigt. Zum Teil sind die Schadstoffbelastungen in den Gläschen sogar geringer als bei Brei aus „normalen" Zutaten, weil extra schadstoffarme Zutaten verwendet werden. Gläschen, heutzutage mehrfach getestet und geprüft, gibt es zudem auch in guter Bio-Qualität.Sie sparen sehr viel Zeit, sind praktisch und inzwischen in den verschiedensten Zusammensetzungen / Geschmacksrichtungen erhältlich. Allen, die nicht darauf verzichten wollen, selbst genau zu wissen, was in Babys Brei kommt, sei ans Herz gelegt, in ordentliches Küchengerät zu investieren. Vor allem ein guter Mixer ist eine unverzichtbare Hilfe für eilige Brei-Koch-Mütter. Vielleicht ist auch ein Kompromiss die Lösung: Ab und zu kocht man halt, an anderen Tagen bleibt die Küche kalt ... Ansonsten gilt: In größeren Mengen kochen, zumindest wenn der Brei einmal den Baby-Geschmackstest bestanden hat, und: einfrieren! Dann fängt man nicht jeden Tag von vorn an, sondern kann auf handliche Portiönchen zurückgreifen und sie ruck zuck erwärmen; schonend bei Zimmertemperatur oder im Wasserbad; schneller geht es in der Mikrowelle. Achtung: Leserlich und sinnvoll beschriften, was und wie viel ca. wann eingefroren. P.S. Gilt übrigens auch für Muttermilch: Sie ist tiefgefroren, vor allem in praktischen extra dafür hergestellten Beuteln, bis zu einem halben Jahr haltbar. By the way: Es gibt eine neue Bewegung, die dafür plädiert, Babys von Anfang an am gedeckten Tisch alles mitessen zu lassen, und gar nicht mehr extra zu kochen, klingt erstmal überaus praktisch ... (= eine relativ neue Methode, die auf den Argumenten von Gill Rapley basiert. Sobald es bereit ist, das Baby selbst essen lassen, keinen Brei, keine kleinen, zurechtgeschnittenen Stückchen und ohne Löffel, also richtig, wie alle anderen auch. Natürlich wird anfangs ergänzend noch Milch gegeben.)

## SAUBER IST ANSICHTSSACHE.

Streitpunkt Hygiene: DAS Zauberwort, das in früheren Zeiten im Alltag oft über Krankheit und Gesundheit entschieden hat. Doch in unserer hoch technisierten und zivilisierten Welt haben wir solch anspruchsvolle Hygienestandards, dass kaum noch etwas übrig bleibt bzw. es im Gegenteil oft zu viel des Guten ist. Da wird alles einmal am Tag geputzt und desinfiziert, alle paar Minuten gewaschen und gesprüht ... Dabei ist es erwiesen, dass das menschliche Immunsystem, vor allem das kindliche, die Begegnung mit bestimmten Keimen benötigt, um sich optimal zu entwickeln. Denn gibt es für das Immunsystem nichts zum „trainieren", fängt es an, sich andere „Feinde" zu suchen. Resultat können unter anderem Allergien sein. So scheinen in ländlicher Umgebung aufgewachsene Kinder, die viel mit Tieren und „Schmutz" in Berührung gekommen sind, seltener mit den Folgen eines irre geleiteten Immunsystems zu kämpfen zu haben. Vielleicht ist an dem alten Spruch „Dreck reinigt den Magen" doch etwas dran. Damit wir uns nicht falsch verstehen; ich plädiere nicht dafür Wohnung und Kind völlig verdrecken zu lassen, aber ein bisschen weniger Reinlichkeit beim Spielen und im Alltag würde sicher einigen ganz gut tun. Also, auch wenn die Hersteller, oft aus versicherungstechnischen Gründen, dafür plädieren, ständig Schnuller und Co. auszukochen - ist das

TIPP

Die praktische Luxus-Schnipsel-Püriermaschine zum Bequem-Brei-Fertigstellen bekommen Hebammen oft günstiger, also gleich nachfraen, ob Ihre Hebamme evtl. auch ...?

wirklich nötig? Eigentlich nicht. Die meisten Babydinge werden zu häufig und umständlich desinfiziert, bereits nach ein paar Lebenswochen reicht gründliches Auswaschen aus; aufwändiges Auskochen und Desinfizieren ist meist nur unter besonderen Umständen nötig. Spätestens wenn die Zwerge eh anfangen, alles in den Mund zu stecken, wird das Auskochen überflüssig. Nicht zuletzt ist auch manchmal ein Blick in die Vergangenheit ganz hilfreich: Haben unsere Mütter (erfolgreich) bei jedem Stäubchen gleich zu Sagrotan und Co. gegriffen? Jedes Mal hektisch den Schnuller entsorgt, wenn er mal runtergefallen ist, und ihn nicht einfach nur kurz abgewischt oder abgewaschen; manche lutschen ihn sogar ab, (wobei sich hier die Geister scheiden, weil so die Keime der Erwachsenen direkt übertragen werden können). Meine persönliche Meinung: Das Baby/Kind sollte in einer gesunden, nicht sterilen, Umgebung aufwachsen. Und was man zudem für Zeit spart, wenn man auf das ständige Sterilisieren, Auskochen und Desinfizieren verzichtet ...!

**PIPIKACKAKOTZEMANN. WICKELN:**

In den ersten zwei bis drei Jahren als Eltern eines Kindes wechselt man ca. 9000 Windeln. Das ist eine ganze Menge – Zeit, Geld und (Wo)Manpower, die dabei drauf geht. Nun, wir kommen nicht darum herum, aber: Wir können das Prozedere optimieren, indem wir vorbereitet sind, z. B. alles griffbereit hinlegen. Wer ständig nach neuen Windeln, Wickelunterlagen oder Feuchttüchern kramen muss, wer ständig Puder und Creme sucht, strapaziert die Nerven und verschwendet unnötig Zeit. Wenn man dem Baby quasi im Schlaf die Windeln wechseln kann, „flutscht" es einfach besser und geht fast wie von selbst.

Besonders um zwei Uhr morgens, wenn man selbst kaum die Augen offen halten kann. Wer zudem nach den ersten Monaten nicht öfter als nötig wickelt, schont Umwelt und Geldbeutel. Eine Freundin hat ihren Knirps sogar eine zeitlang abends zwei Windeln umgewickelt; so musste sie nachts nicht raus, um ihn zu wickeln, und der Kleine wurde nicht wach, sondern schlief prima bis zum nächsten Morgen durch – ohne, dass sein Bettchen nass wurde. Nicht alle Kinder vertragen das, manche bekommen Hautausschlag. Da ist häufiges Windeln wechseln natürlich nötig. Die besten Erfahrungen haben wir bei „Windeldermatitis" übrigens mit mehrmals am Tag „unten ohne liegen" und Heilwolle in der Windel (in der Apotheke erhältlich) gemacht.

Es verbreitet sich auch zunehmend das „Abhalten", sprich man verzichtet in der Regel ganz auf Windeln und deutet die Zeichen, die das Baby aussendet, wenn es muss. Dann hält man es über die Toilette oder das Waschbecken. Dieses Vorgehen klappt bei vielen – zumindest in den eigenen vier Wänden – wohl erstaunlich gut ... Sauber werden, zweiter Teil – die Töpfchen-Arie: Wenn es soweit ist - das Kind muss eh erst die nötige körperliche und geistige Reife erreichen - sonst macht die ganze Geschichte keinerlei Sinn, ist die Zeit in die Töpfchen-Aktion aber sehr gut investiert. Sich Zeit nehmen, Geduld beweisen und gute Laune verbreiten, ist durchaus lohnenswert, wenn das Wegfallen des täglichen Windelnwechselns in Aussicht steht, vor allem aber natürlich für die Entwicklung des Kindes.

MERKE: Bitte nicht drängen, bringt gar nichts, außer Frust auf beiden Seiten: „Das Gras wächst nicht schneller, wenn man daran zieht." Ist das Kind aber interessiert bzw. wird das gewohnheitsmäßige aufs Töpfchensetzen von ersten Erfolgen gekrönt, folgt die Zeit der „Fehlalarme". Oft wird man sein derzeitiges Tun unterbrechen müssen, um mit dem Zwerg bei Anzeichen zum Topf oder zur Toilette zu eilen, nicht selten mit dem Ergebnis, dass „nix" kommt. Das ist normal und der Aufwand lohnt sich allemal. Denn die Zeit holen Sie schon bald wieder rein.

## DEM BAUCHGEFÜHL VERTRAUEN.

Gerade Müttern (von kleinen Kindern) wird gern – ungefragt – Rat erteilt. Jeder X-Beliebige scheint sich plötzlich berufen zu fühlen, alles in Sachen Kindererziehung (besser) zu wissen. Ob Säugling, Klein- oder Schulkind; auch die Listen der (Experten-) Ratschläge werden lang und länger. Wobei sie sich nicht selten widersprechen und alles andere als hilfreich sind. Bloß nicht stressen lassen. Hören Sie auf den gesunden Menschenverstand und Ihre Intuition als Eltern. Machen Sie nichts, wobei Sie ein schlechtes Gefühl haben. Und schauen Sie ab und zu nach rechts und links, sprich über den eigenen Tellerrand. Aber bitte keine nervenden Vergleiche heraufbeschwören; andere Eltern machen es nicht schlechter, nur anders. Je weniger Zeit wir mit überflüssigen Vergleichen, Grübeleien und Ärgern (sich und gegenseitig) verschwenden, desto mehr Zeit haben wir zum Kaffeetrinken und Spaß haben. Erste Regel deshalb: Achten Sie darauf, dass es Ihren und den Kindern in Ihrem Umfeld gut geht. Zweite Regel: „Recht haben wollen" gilt nicht. Wer seine Kinder liebevoll und gewaltfrei erzieht, hat schon automatisch recht, basta! Und begegnen Sie überehrgeizigen, humorlosen Erziehungsberechtigten folgendermaßen: Sicherheitsabstand halten!

## MORGENCHAOS.

Ob das Frühaufsteherbaby oder ältere Kinder - generell herrscht morgens bei den meisten Familien ein ziemliches Durcheinander, was der allgemeinen Stimmung nicht immer zuträglich ist. Optimieren Sie die Abläufe einfach ein wenig. Effizienz statt Chaos: Meist gibt es tausend Handgriffe zu tun. Erledigen Sie nicht alles irgendwie, sondern mit Struktur. Zum Einen hilft es oft schon, einen gewissen chronologischen Ablauf einzuhalten.

Wer nicht schlaftrunken und gehetzt jeden Morgen aufs Neue überlegen muss, was er wann macht bzw. zuerst macht, spart Zeit. Zum Beispiel: Zuerst wird das Baby versorgt, dann kommt das zweitälteste Kind oder aber Sie selbst sind erst einmal dran. Während Sie mit Waschen und Anziehen beschäftigt sind, kann vielleicht einer schon den Frühstückstisch decken. Beim Frühstück können gleich die Pausenbrote geschmiert werden. Die älteren Kinder können das wunderbar schon allein erledigen.

Nach dem Frühstück wird gemeinsam abgeräumt, dann zum gemeinschaftlichen Zähneputzen getroffen. Danach: allgemeines Schuhe- und Jacken- Anziehen, Taschen nicht vergessen und los geht's. Ritualisierte morgendliche Abläufe helfen Struktur in die morgens immer zu kurze Zeitspanne zu bringen: Jeder kennt seine Rolle, die Aufgaben sind klar und Sie verlieren den Kopf nicht so schnell, gerade wenn Sie selbst zur Morgenmuffelei neigen. Natürlich sollen das keine starren Regeln im Sinn der militärischen Grundausbildung sein, aber eine Hilfe, die gute Laune zu bewahren.

## MEISTENS KOMMT ES ANDERS

Bei all den strukturellen und planerischen Aspekten ist ein gegenteiliger allerdings nicht zu vernachlässigen: das Improvisieren. Eine herrliche Möglichkeit, aus scheinbar schwierigen oder von Mangel behafteten Situationen herauszufinden. Verzweifeln Sie nicht, wenn auf den ersten Blick etwas fehlt, Sie etwas vergessen haben ... Unsere Kreativität bietet viel mehr Optionen, als wir auf den ersten Blick sehen. Improvisieren, umfunktionieren, ersetzen, aus dem Kalten zaubern, einfach unvorbereitet sein

- eine Gabe, die man übrigens auch prima trainieren kann! Sie werden staunen, welch originelle Lösungen Sie plötzlich für Ihr (vermeintliches) Problem zu finden imstande sind, wenn Sie die innere gedankliche Barriere – schließlich gibt es ja heutzutage für alles und jedes das passende Werkzeug, aber kann nicht auch etwas anderes, simples den gleichen Zweck erfüllen? – einmal überwunden haben. So kann auf dem Ausflug mit Baby ein einfaches Tuch alles sein: Ein Lätzchen für die Breispritzer, ein Mützchen gegen Sonne oder Wind, ein Schal gegen die Kälte, ein Waschlappen für die Milchrestbeseitigung, ja im Notfall sogar eine Windel ...

## WAS HÄNSCHEN NICHT LERNT, LERNT HANS NIMMERMEHR?

Wie Sie Zeit einsparen? Dem Frühförderwahn abschwören, ganz einfach. Statt im „Grundkurs Chinesisch für unter Einjährige" zu schwitzen, machen Sie lieber das, was Ihnen und dem Kind gefällt: Matschen Sie draußen in den Pfützen rum, entdecken Sie Käfer und Ameisen im Wald, oder machen Sie es sich zu Hause oder bei Freunden gemütlich. Nur nicht noch ein zusätzlicher Termin, wenn er statt willkommener Abwechslung Stress bedeutet. Krabbelgruppe, Babyschwimmen, Musiktreffen, Kinderturnen? Schön, wenn es allen Spaß macht. Unter drei bzw. sechs Jahren aber braucht ein Kind selten eine zusätzliche spezielle Förderung, wenn es sich normal entwickelt und genug Anregung bekommt. Danach kommt eh die Schule. Sollten Sie doch einen festen Termin wahrnehmen wollen, sollte Ihre Teilnahme flexibel gehandhabt werden: So, dass Sie kein schlechtes Gewissen haben(brauchen), wenn es mal nicht klappt oder Sie keine Lust haben, hinzugehen. Bauen Sie lieber Höhlen im Wohnzimmer, Weltmeere im Garten, eine Mitmach-Küche zu Hause und singen zusammen ein Lied. Die „Verwissenschaftlichung der Erziehung" ist inzwischen mehr als umstritten. Vertrauen Sie auf Ihr Gefühl; es ist Ihr Kind. Berauben Sie es nicht seiner Kindheit mit einem Lernpensum, dass jedes Improvisieren unterbindet. Der Neurowissenschaftler Steven Petersen fasst es folgendermaßen zusammen: „ Ziehen Sie Ihr Kind nicht in einem Schrank auf, lassen Sie es nicht verhungern, und schlagen Sie es nicht mit einer Bratpfanne auf den Kopf." Also Mädels (und Jungs), „lasst Kinder Kinder sein". Und Erwachsene auch mal in Ruhe ...

**SPIEL MIT MIR.**

Weniger ist mehr! Kinder lieben Spielzeug. Doch Tatsache ist, schon beim Aussuchen und Kaufen stiehlt es Zeit. Zeit, die wir in Spielzeugläden verbringen, können wir nicht mit dem Spielen an sich verbringen. Zudem hat es die Angewohnheit, sich unkontrolliert im Kinderzimmer zu vermehren. Je mehr Zeug wir sauberhalten, wegräumen, reparieren, wieder aussortieren und in den Keller schaffen müssen, desto weniger setzen wir uns zur Holzeisenbahn oder zum Memory und spielen wirklich. Zudem kann es viel spannender sein, ein eigenes Piratenschiff zu bauen, als immer alles perfekt fertig vorgesetzt zu bekommen. Also, weniger (Spielzeug) ist mehr. Ob Flohmarkt, an die nächste Generation vererben, tauschen oder kaufen – Schadstofffreiheit ist ein Muss. Vorsicht, was Kleinteile angeht: Die Gefahr des Verschluckens besteht. Selbstgemachtes kommt auch bei den Allerkleinsten oft gut an. Gerade Babys finden meiner Erfahrung nach die Sachen der Großen viel interessanter als das

Tauschkästen sind eine gute Alternative zum Kaufen: Gegen eine Gebühr bekommt man alle paar Wochen / Monate eine Kiste mit altersgerechtem Spielzeug zugeschickt, natürlich einwandfrei und professionell gereinigt. Wenn die Kinder keine Lust mehr darauf haben, schickt man sie zurück und bekommt eine neue. Das spart zudem Platz und Geld.

pädagogisch vermeintlich Wertvolle. Los geht's: Aus Küchengeräten, Klopapierrollen und Krimskrams kann man super neue Dinge kreieren. Achtung aber auch hier, was z. B. das Thema Plastiktüten angeht: Erstickungsgefahr!

## DEKORIERUNGSWAHN:

Ostern, Sommerfest, Geburtstage, Laternenfest, Weihnachten. Jede (Jahres-)Zeit fordert ihren Deko-Tribut. Nun, wer wirklich Freude daran hat: Es gibt gute schnelle, zeitsparende Deko- und Bastel-Tipps im Internet. Dem Rest sei geraten: Nur nicht immer alles selber machen, schummeln ist erlaubt. Zum Einen gibt es tolle vorgefertigte Bastelsets, die man nur nochzusammenkleben / -stecken muss. Macht sich besonders gut bei kleinen Kindern, die eh nach zwei Minuten vorzeichnen und ausschneiden die Lust verlieren und einen dann mit der bunten Kinderschere und dem ganzen Bastelgedöns sitzen lassen. Zum Anderen kann man einiges auch prima machen lassen oder kaufen. Das einfachste: verzichten. Besonders zur Weihnachtszeit funkelt und glänzt an jeder Ecke so viel Glitterkram, dass ein einziges Kinderbild oder ein hübscher Wunschzettel zu Hause an einer exponierten Stelle völlig ausreicht, um entsprechende Vorweihnachtsstimmung zu verbreiten. Kinder-Geburtstage sind es ja teilweise schon zu einem regelrechten Höher-schneller-weiter-Wettrennen avanciert. Das nimmt Dimensionen jenseits von gut und böse an: vom einfachen Geburtstagskuchen, geht es nun von mehrstökkigen – natürlich selbst gemachten Torten - über selbst bemalte Blumentöpfchen und prall gefüllte Geschenketütchen für jedes Kind bis hin zum durchorganisierten Event, das manch eine Hochzeit in den Schatten stellt. Meine Regel: Je kleiner das Kind, desto einfacher die Mittel und desto niedriger die Gästeanzahl. Andernfalls ist das Kind auch schnell selbst überfordert, die Eltern im Zugzwang, und letztendlich hat keiner was von dem ganzen Aufriss. Einen Tag zu etwas Besonderem zu machen heißt nicht zwangsläufig Stress produzieren zu müssen. Außerdem muss man ja als Elternteil nicht gleich in den ersten drei Jahren sein ganzes Pulver verschießen. Wer schon zum zweiten Geburtstag eine Feier wie bei einem Staatsempfang bekommt, kann sich ja kaum auf eine Steigerung im nächsten Jahr freuen ...

TIPP

Es muss ja nicht gleich ein plastikbunter Kindergeburtstag bei McDonald sein ... Fastfoodfeiern geht auch prima zu Hause: Biowürstchen, Kindercola und bunte Bälle. Es gibt auch praktische Sets für ambitionierte aber eilige Eltern, ganze Geburtstags-Kisten mit verschiedenen Mottos (Pirat, etc,) inkl. Pappteller über Kostüme bis zu kleinen Gimmicks.

## IMMER SCHÖN SAUBER BLEIBEN.

Ihre Waschmaschine läuft in (gefühlter) Dauerschleife? Da sind Sie nicht allein: Kaum ist der Wäschekorb mühsam leer gearbeitet, füllt er sich über Nacht schon wieder neu. Hat man ein Baby - ähnliches gilt für Sportler und Teenager im Haus - wundert frau sich oft, wie es kommt, dass diese z. T. winzigen Sachen so schnell eine Waschmaschine mit Schmutzwäsche füllen. Dabei gilt gerade bei Babys: Wechseln Sie nicht zu oft die Klamotten. Meist spucken oder kleckern sie sich eh in den nächsten Minuten wieder voll, also kann das Hemdchen mit dem Fleck vom Mittagessen ruhig noch anbleiben; das Gleiche gilt bei größeren Kindern für die nächsten Stunden auf dem Spielplatz. Ständig Klamotten wechseln kostet Zeit, allein das Anziehen – zudem die Zwerge auch keine Fans des umständlichen Umzieh-Prozederes sind und wenig Verständnis für dasselbe zeigen: Hier noch ein Ärmchen, da den Kopf durch ... Fazit: keine hellen Sachen auf dem Spielplatz oder zur Kuchenparty tragen lassen und ... flekkenfrei ist „überbewertet". Die Flecken stören i.d.R. die Eltern - nicht die Kleinen.

# Selbstpflege –
# Wenn es mir gut geht, geht es auch den anderen gut.

**FREEEEZE! INNEHALTEN.**

Wann haben Sie das letzte Mal (länger als 10 Sekunden) den Himmel betrachtet? Innehalten wird in unserer eiligen Welt immer schwieriger. Paradox, denn vermeintlich ist nichts einfacher, als einfach mal anzuhalten. Doch viele Menschen haben es sich im Hamsterrad des Alltags so bequem gemacht, dass sich ernste Fragen nach Sinn und Unsinn/Wollen, Können und Müssen gar nicht mehr stellen. Schließlich könnten ja auch die Antworten unbequem ausfallen. Dauerhaft zufriedene Menschen stellen sich (zumindest unbewusst) immer mal wieder in konkreten Situationen die Frage, ob sie DAS, was sie da jetzt gerade tun, eigentlich auch WOLLEN. (Das bedeutet nicht, sich – wie von so vielen Glücksratgebern suggeriert - ständig selbst mit der Frage zu quälen, ob man auch richtig glücklich ist, statt einfach mal zufrieden zu sein.) Sie hören nicht auf Einwände, was vermeintlich nötig und unumgänglich ist, sondern auf ihren Bauch. Und siehe da, es ist viel mehr machbar/möglich, als man denkt. Ob mit (schulpflichtigen) Kindern eine Weltreise, gleich ganz auswandern oder einfach mal einen Tag blau machen. Wenn man etwas wirklich möchte und braucht, geht es auch: Wo ein Wille ist, ist i. d. R. auch ein Weg, wenn nicht sofort, dann etwas später, wenn nicht im Großen, dann im Kleinen. Doch viele scheuen sich, Stellung zu beziehen, sich für ihre Herzenswünsche einzusetzen. Denn Prioritäten setzen, meint, auf etwas zu verzichten, alles geht nicht ... Das macht manchen in unserer Welt der unendlichen Möglichkeiten Angst. Dabei vergessen sie aber, dass man für den Verzicht auch etwas bekommt. Nämlich das, was einem das Wichtigste ist. Also, sich seiner eigenen Identität und Wünsche bewusst werden, macht stark. Und spart Zeit, denn: Zufriedene Menschen sind auch produktiver.

## AB AUF DIE COUCH.

Schweigen ist Silber, Reden ist Gold. Sprechen Sie mit Ihren Liebsten, Freunden, Vertrauten. Reden Sie sich mal alles von der Seele, dann wiegt es gleich weniger schwer. Und Sie sparen sich den Weg zu „Seelendoktor". Nein, im Ernst, jeder hat einen anderen Redebedarf. Doch ab und zu loszuwerden, was einen beschäftigt, macht vieles leichter; viele Entscheidungen kann man so schneller treffen, und es steigert die Gesamtmotivation. Fruchtbare Gespräche ... Der Austausch mit anderen ist KEIN Zeitfresser, solange es Ihnen guttut. „Anything goes".

TIPP

5 bis max. 7 Dinge kann das menschliche Auge auf einen Blick erfassen, darüber hinaus ist es überfordert und sieht nur noch „Liste" statt einzelner Punkte. Ergo, Listen möglichst kurz halten! Sonst wirken sie erschlagend. Im Zweifel lieber mehrere kürzere Themenlisten machen als eine unendlich lange ...

## MUT ZUR LÜCKE.

So hilfreich Listen und Organizer sind, das Leben — vor allem mit Kindern — ist eben nur bedingt planbar. Deshalb vergessen Sie Ihre größte Stärke nicht: Flexibel sein. Seien Sie locker und offen. Agieren Sie flexibel, wo es nötig ist. Lassen Sie sich auf Neues/Unvorhergesehenes ein. Zetern Sie nicht lang herum, wenn etwas nicht zu ändern ist. Je eher Sie sich der Situation anpassen, sie akzeptieren und drauf einstellen, desto leichter wird es. Handeln Sie gemäß der Maxime: „Man gebe mir die Kraft, die Dinge zu ändern, die ich ändern kann. Man gebe mir die Gelassenheit, Dinge anzunehmen, die ich nicht ändern kann. Und die Weisheit, eines vom anderen zu unterscheiden."

## BEWEISEN SIE HUMOR!

Ein Kind lacht durchschnittlich 400 Mal am Tag, ein Erwachsener nur noch 15 Mal. Traurig? Aber wahr. Also, nehmen Sie sich vor, mit Ihren Bauchmuskeln auch gleich Ihre Lachmuskeln zu trainieren. Das geht nämlich! Wissenschaftler haben festgestellt: Auch „falsches" Lachen, z. B. beim Fernsehgucken oder einfach künstlich zu lachen, hilft. Dabei werden wie beim „echten" Lachen bestimmte Botenstoffe (u.a. Serotonin) ausgeschüttet, die sich positiv auf unser Wohlbefinden auswirken. Sie sind zu spät auf dem Weg zur Arbeit? Gestresst an der Supermarktkasse? Einfach ein Lächeln aufsetzen und mindestens fünf Minuten halten, schon beruhigt sich nachweislich Ihr Herzschlag und Ihr Blutdruck sinkt. Klingt wie Zauberei? Willkommen beim „Wunder Mensch". Inzwischen gibt es sogar angeleitete Gruppen, die sich zum Lachen treffen, denn: Lachen ist ansteckend. Lassen Sie sich doch von Ihrem Kind beim Abwaschen/Putzen o. ä. mal wieder einen Witz erzählen. Achten Sie mal auf die vielen kleinen Szenen der Situationskomik im Alltag – gerade mit Kindern. Das und die Freude des Kindes allein wird schon Spaß machen und Ihnen die Arbeit versüßen. Machen wir es wie die Kinder ...

## FREUDE BRINGEN.

Nehmen und geben, heißt die Zauberformel. Kleine Dinge machen oft schon große Freude. Und jede Minute, die Ihnen

Freude macht, etwa wenn Sie anderen eine Freude machen können, ist besser investiert als in Ärger, Gemecker oder Gejammer. Oft reicht schon ein freundliches Wort. Wie ein Stein, der in einem See sanfte Wellen schlägt. Meist kommt der Einsatz doppelt zurück: Quasi „zwei Fliegen mit einem Lächeln".

## DIE RICHTIGE BALANCE FINDEN.

Wer nicht im Gleichgewicht ist, kommt leicht in Schieflage, gerade wenn die Zeit knapp ist und es hektisch wird. Umso wichtiger in ruhigeren Zeiten – wenn sich diese partout nicht von allein einstellen wollen, muss man sie halt zwangsweise einläuten – vom Gas zu gehen. Denn niemand kann langfristig mit Vollgas durch's Leben brausen, da bleibt zwangsläufig früher oder später etwas auf der Strecke. Nicht selten die eigene Gesundheit. Desto wichtiger ist es, die persönliche Work-Life-Balance zu finden und zu bewahren. Frauen, vor allem Mütter, neigen dazu, sich alles aufzuhalsen, alles perfekt machen zu wollen und früher oder später machen sie zwangsweise schlapp. Depressionen, körperliche Beschwerden, Burn-Out sind nicht nur bei Top-Managern und Promis zu finden, sondern zunehmend in „ganz normalen" Familien. Deshalb immer wieder (hinter-)fragen: Was kann und will ich leisten? Reicht vielleicht eine halbe Stelle – für mich oder für meinen Partner? Leisten wir uns einen Babysitter/Hort, Haushaltshilfe? Wo sehe ich mich/uns in fünf Jahren? Ist das zweite Auto/der Hauskauf wirklich nötig? Was macht mich/uns langfristig glücklich? Wieviel Zeit brauche ich, um mich zu erholen? Wobei tanke ich neue Kraft? Wie komme ich (ganz konkret) zu dieser Zeit? Was können wir an Zeit- und Kraftfressern einsparen? Der Mensch möchte arbeiten, braucht eine (sinnvolle) Aufgabe. Doch genauso benötigt er Zeit zur Regeneration.

Keine Frage: Aufregende Zeiten bringen Abwechslung in den Alltag. (Kurzweiliger) Stress ist generell nichts Schlechtes. Der so genannte Eu-Stress, der unsere Vorfahren in Sekundenschnelle in die Lage versetzt hat, körperliche und mentale Höchstleistungen zu vollbringen, sei es im Kampf oder auf der Flucht, beflügelt uns noch heute zu außergewöhnlichen Leistungen, z. B. vor einer wichtigen Prüfung. Problematisch wird es, wenn der Stress dauerhaft anhält und wir keine oder nicht ausreichend Gelegenheit haben, uns zu erholen: Di-Stress und die damit einhergehende anhaltende Kortisolausschüttung (= Stresshormone) macht nachweislich krank. Physisch und psychisch. Darum müssen wir zu unseren vielfältigen und z. T. anspruchsvollen Aufgaben einen entsprechenden Ausgleich schaffen. Ob sich dieser im Sport, Briefmarkensammeln, Töpfern oder Musikhören manifestiert, ist egal. Hauptsache, wir machen etwas, oder eben mal gar nichts und können wirklich abschalten. Ausreichend Schlaf und Bewegung sind zudem natürlich förderlich. Die Möglichkeiten sind vielfältig. Beim Meditieren z. B. geht es darum, einige Zeit „beiseite zu treten", idealerweise jeden Tag ein paar Minuten: einfach im Schneidersitz oder auf einem geraden Stuhl sitzen - ungestört bitte! - Augen zu, und entspannt ein- und ausatmen. Die Atemzüge zu zählen kann helfen, die innere Versenkung zu erreichen: Diese wiederum ermöglicht es, Distanz zum Alltag zu gewinnen. Auch Mantren zu singen (in der Gruppe oder allein) kann eine gute Lösung sein.

## LONELYCOWGIRL.

Spielen Sie nicht immer und um jeden Preis die einsame Heldin. Nehmen Sie sich nicht klaglos jedes Opfer auf sich, nur um das „Lonely Cowgirl" zu sein. Sie sind nicht allein, auch und gerade nicht beim Stemmen der täglichen Aufgaben, die Kinder, Familie und

Haushalt so mit sich bringen. Beziehen Sie Ihre Umgebung mit ein. Zuallererst: Ihren Partner und Ihre Kinder selbst. Ihre Kinder können schon viel mehr mithelfen als die meisten Erwachsenen annehmen. Und: Wer Verantwortung übertragen und damit Vertrauen geschenkt bekommt, fühlt sich gleich mehr als Teil des Ganzen. Wer den anderen Familienmitgliedern von vorn herein jede Chance auf eine echte Aufgabe nimmt, nach dem Motto „Ach, das kann ich eh am besten", vertut die Möglichkeit, eine echte Einheit auch in Alltagsfragen zu etablieren. Also, tun Sie das, was Sie Ihren Kindern immer predigen: abgeben! Vertrauen schenken. Sie werden staunen, wie viel auch ohne Sie klappt. Und wenn die Wäsche doch mal blau gefärbt ist, passiert das sicher nicht noch einmal. Und falls doch: So what ...? Davon geht die Welt nicht unter. Geben Sie anderen auch die Chance, aus Fehlern zu lernen.

## MAL WAS ANDER(E)S MACHEN: KREATIVITÄT.

Kreativität gedeiht im magischen Dreieck: Denken, fühlen, handeln. Es gibt viele Kreativitätstechniken, vor allem für Leute, die schon von Berufs wegen darauf angewiesen sind: Da wird gebrainstormt, quergedacht, gescribbelt, werden Ideenstammbäume gepflegt, Ideen geteilt und weitergesponnen. Vielen Menschen hilft es, tatsächlich mit Kalender und Notizbuch den kreativen Arbeitsalltag zu strukturieren, denn entgegen landläufiger Meinungen ist Kreativität nicht zwangsläufig ein Produkt des reinen Chaos. Originalität hat auch meist etwas mit Arbeit und Disziplin zu tun. Manches davon - am besten ausprobieren - hilft wirklich, die Ideen hervorzulocken. Auf jeden Fall nicht nur am Computer hocken, sondern rausgehen. Denn wie viele Kreative konstatieren: Wir wissen nicht, woher die Ideen kommen, aber nicht aus dem Computer. Fakt ist: Sändige Unruhe, Hetze, (finanzielle) Sorgen und ständige Erreichbarkeit wirken der Kreativität entgegen. Tee- und Kaffeepausen hingegen können wahre Wunder wirken. Bestimmte Gedankengänge können neue Perspektiven eröffnen. Denn jeder Kreative vereint zwei Personen in seinem Innern: Die Muse, die Ideen vorschlägt und den Redakteur, der entscheidet, was genommen wird. Weniger ist wieder einmal mehr: Kreativität tritt nicht nur darin zutage, was wir auswählen, sondern auch in dem, was wir auslassen. Ergo: Mit Bedacht wählen, und Spaß haben.

## AUF SICH ACHTEN.

Auch in praktischen Dingen. Oft kommen die Bedürfnisse der Frauen zuerst zu kurz. Ausschlafen? Für viele ein Fremdwort. Dabei wäre es so einfach, sich mit dem Partner zum Beispiel am Wochenende abzuwechseln. Dann kann jeder einmal länger liegenbleiben. Essen, statt des hektischen Zwischendurch-Snackens mal richtig in Ruhe kochen, während die Kinder beschäftigt sind – mit wem oder was auch immer. Laissez-faire, Mut zur Gelassenheit: Da ist ausnahmsweise auch mal etwas erzieherisch „Unkorrektes" erlaubt. Die Kids dürfen „die Sendung mit der Maus" im TV schauen oder ein Tütchen Chips vernichten, während Sie in Ruhe eine Dusche nehmen, Ihre Lieblingssongs hören oder Ihrem Partner etwas erzählen, was Sie beschäftigt. Auch morgens gilt: etwas Zeit nur für Sie. Mit vollem Magen und frisch geduscht lassen sich die Anforderungen des Tages doch gleich viel besser in Angriff nehmen.

# Das bisschen Haushalt ...

## ADÉ, MISS PERFECT!

Je eher Sie sich vom Perfektionismus verabschieden, desto mehr Zeit werden Sie für andere Dinge haben. Denn mit Kleinigkeiten vergeuden wir die meiste Zeit. Das im Prinzip auf alle Bereiche anzuwendende „Pareto-Prinzip" besagt: Die meisten Aufgaben können zu 80 % mit einem Mitteleinsatz von nur 20 % erledigt werden. Die verbleibenden 20 % für eine Aufgabe benötigen dagegen 80 % der Gesamtzeit. Und verursachen somit die meiste Arbeit, obwohl das kleinste Ergebnis dabei herauskommt. Kommt Ihnen das bekannt vor? Stichwort Saubermachen: Um 80 %, also 4/5 der Wohnung sauberzubekommen, benötigen Sie evtl. 2 Stunden. Dann ist gesaugt, die Bäder halbwegs geputzt, die Küche aufgeräumt und die Spülmaschine angestellt. Es sieht ordentlich aus. Um jetzt alles zu schaffen, die vielen kleinen Details, z. B. die Schränke ausräumen und feucht auszuwischen, die Fugen im Bad zu reinigen, die Betten zu machen, die Spiegel und Fenster zu putzen, im Bücherregal Staub zu wischen, etc. benötigen Sie wahrscheinlich einen ganzen Tag. Und das Ergebnis ist – zumindest auf den ersten Blick – dasselbe. Es sieht sauber aus. Also, es reicht alle paar Monate mit allen zusammen einen „Grundputz" zu veranstalten. Nutzen Sie die übrige Zeit lieber, um mit Ihren Lieben ins Freibad, auf den Weihnachtsmarkt oder zu Freunden zu gehen. Das ist wichtiger als eine porentief gereinigte Wohnung; Ihr Familienleben wird es Ihnen danken. Und mal ehrlich: Waren Sie als Teenie scharf auf den Titel „Perfekte Hausfrau"? Seien Sie lieber eine zufriedene Frau!

TIPP

„Selbstkompetenz" bedeutet, sich selber und seine Bedürfnisse einschätzen zu können und entsprechend danach zu handeln. Ausreden zählen nicht, schon gar nicht die „Ich-hab-keine-Zeit"-Ausrede, denn: Inzwischen gibt es im Yoga sogar schon die One-moment-Technik, die nur 60 Sek. in Anspruch nimmt (von Martin Boroson entwickelt).

### ESSEN FERTIG! KOCHEN.

Wenn Sie gern kochen und es als entspannend ansehen, überspringen Sie diesen Punkt am besten. Wer sich dagegen Schöneres vorstellen kann, als jeden Tag in der Küche zu stehen, sollte verinnerlichen, dass es Alternativen gibt. Schnippeln, schälen, marinieren, einwecken, einkochen - man muss nicht alles selbst machen. Hilfe holen, vorkochen lassen oder auch halbwegs gesundes „Fastfood" (z.B. Bio-Pizza, Döner mit frischem Salat) 1-2 Mal pro Woche können eine Lösung sein. Und natürlich essen gehen. Sie jedenfalls müssen nicht für jede einzelne Mahlzeit geradestehen. Frisches abwechslungsreiches gesundes Essen muss aber auch nicht kompliziert sein: Es gibt jede Menge einfache, schnelle Gerichte. Kochtipps und -bücher zu diesem Thema stehen zuhauf zur Verfügung, z. B. Jamie Olivers 30-Minuten-Menü-Kochbuch. Toll: In Skandinavien ist es in einigen Gemeinden sogar gang und gäbe, dass die Kitas auch den Eltern frisch zubereitetes Essen zum Mitnehmen anbieten ... Über das Internet kann man sich über verschiedene Anbieter jedenfalls auch hier gleich für die ganze Woche die Zutaten zu den Wochenrezepten - entsprechend der Personenanzahl - bequem nach Hause liefern lassen (z. B. kochzauber.de, hellofresh.de). Oft gibt es dabei preisgünstige (Ausprobier-) Gutscheine. Und: Zeit in der Küche sparen? Es wird viel zu viel geschält. Statt Kartoffeln und Gemüse wie Karotten einzeln zu schälen, genügt es meist, sie gründlich zu waschen; schließlich sitzen die meisten Vitamine direkt unter der Schale. Ein, zwei gute Küchengeräte, ein paar scharfe Messer – voilà!

### JEDEM DAS SEINE. VORLIEBEN BERÜCKSICHTIGEN.

Das schafft Motivation, denn man macht DAS mit mehr Power und Engagement, was man tatsächlich (halbwegs) mag bzw. einem liegt. Wer gut darin ist, den Einkauf zu organisieren oder sich um die Wäsche zu kümmern, sollte möglichst da eingesetzt werden. Wenn Sie Arbeit an andere Familienmitglieder delegieren, gehen Sie sensibel vor, beobachten Sie wie ein kluger Chef, überlegen Sie genau, wie Sie Ihre Mitarbeiter am besten „kriegen". Dieses Vorgehen gilt auch für Sie selbst. Sie können auch (mal) wählen, und das machen, was Ihnen von den Pflichten am meisten Spaß macht. Sie müssen nicht immer den schwarzen Peter bekommen und alles Liegengebliebene aufarbeiten. Führen Sie ein Trostpflaster ein. Wer mit dem unleidlichen Kloputzen dran ist, darf laut seine Lieblingsmusik dabei hören. Wenn keine Einigung zu erzielen ist, muss eben eine Putzhilfe aus der Familienkasse bezahlt werden. Die Königsdisziplin ist, durch subtile Andeutungen den Betreffenden letztendlich davon zu überzeugen, dass es seine EIGENE Idee war, den Keller zu entrümpeln, den Garten winterfest zu machen oder das Zimmer aufzuräumen.

### THEATER, DER VORHANG GEHT AUF … FASSADENBAU:

Und noch mal das Thema Reinlichkeit … Nutzen Sie die Tricks des Theaters. Alles, was man sieht, sieht gut aus, aber was dahinter ist, hat keinen zu interessieren. Der Trick ist, in Ihrem Domizil mit offenen Augen wie durch eine fremde Wohnung gehen. Die Jacken aufhängen, sieht gleich ordentlicher aus, aber die Ecke jetzt ausfegen, da guckt eh nie einer hin. Den Tisch abräumen und -wischen, ein paar Blumen dazu und schon macht die Küche einen wunderbar wohnlichen Eindruck – obwohl sich in den Schränken der Krimskrams türmt und die Spüle nicht glänzt. Wenn ich den Spruch schon höre: „Da darf man aber auch in keinen Schrank gucken!" Muss man doch auch nicht. Mal ehrlich: Welcher Besuch hat etwas in Ihren Schränken zu suchen? Wenn es außen hui ist, darf es innen ruhig pfui sein, schließlich geht es auch keinen außer Sie etwas an, was Sie persönlich „drunter" tragen. Das nennt man „privat" … Leider scheint das selbst für manche Freunde und Familienmitglieder ein Fremdwort zu sein. Also: Fassade bedeutet nicht, die Buchpappaufsteller aus den Ikeafilialen zu klauen, um im heimischen Bücherregal einen auf schlau zu machen, es heißt, so viel Fassade zu installieren, wie man selbst braucht, um sich wohl zu fühlen.

**HELP, I NEED SOMEBODY HELP.**

Nehmen Sie Hilfe an, wo immer es möglich ist. Die Bundeskanzlerin kann auch nicht alles selbst machen … Je mehr Sie abgeben können, desto besser können Sie sich auf die verbleibenden Aufgaben, vor allem aber auf die wichtigen und schönen Dinge konzentrieren.

Neben Ihnen nahe stehender Personen gibt es eine Vielzahl von weiteren Möglichkeiten, Unterstützung in vielfältiger Form zu erhalten, z. B. über soziale Netzwerke, privat oder fremdorganisiert. Oft liegt die Lösung auch direkt nebenan. Finden Sie sich mit anderen Eltern in Ihrer Nähe zusammen. Bilden Sie Fahr- oder Babysittergemeinschaften. Zudem gibt es in vielen deutschen Großstädten den ehrenamtlich betriebenen „Wellcome-Service" für frisch gebackene Eltern, gerade wenn diese (noch) ohne soziale Anbindung in der Stadt sind. Auch gibt es die „Leihomis", ein wunderbares Konzept, das Menschen über Generationen zusammen bringt: Rüstige Senioren, die keine Enkel haben oder deren Enkel zu weit entfernt wohnen, „spielen" regelmäßig 1-2 Mal die Woche Oma oder Opa für Kinder, denen es mit ihren Großeltern genauso geht. Sie machen, was Großeltern eben so mit ihren Enkeln machen: Vorlesen, erzählen, Eis essen, auf den Spielplatz oder in den Zoo gehen – natürlich alles immer in Absprache mit den Erziehungsberechtigten und dem Kind.

Zum Beispiel für Alleinerziehende bedeutet dies oft eine immense moralische und praktische Unterstützung. Entsprechende Organisationen findet man im Internet.

## ALLES NACH PLAN …

Sie sind den ersten Schritt gegangen, haben die Aufgaben erfolgreich delegiert; jeder hat auch im Haushalt seine Aufgabe? Dann wird es Zeit für den zweiten Schritt. Erstellen Sie einen Plan. Schriftlich oder visuell wird das Vereinbarte festgehalten. Damit es auch klappt. Dauerhaft. Damit Abmachungen nicht in Vergessenheit geraten und die Übersichtlichkeit gewahrt bleibt. Putzen nach Anleitung … Sie haben keine Lust, schon nach wenigen Tagen wieder alles allein zu machen? Sie müssen aktiv werden. Es wird sich keiner darum reißen. „Freiwillig" ist ein Zustand, der meist nur beim Kuchenschüsselausschlecken vorkommt. Deshalb: Mund aufmachen und freundlich aber nachdrücklich auf die Missstände hinweisen. Lösungsansätze vorschlagen, gemeinsam einen Plan erarbeiten, wer wann was macht, und natürlich eventuell Änderungen berücksichtigen. Deshalb der Plan – wie früher in den guten alten WG-Zeiten, wo sich somit auch keiner mehr ums Einkaufen oder Saugen drücken konnte … (Übrigens, wer es mag …: Hand aufs Herz. Jeder hat seine Marotten und Vorlieben. So kam – für mich persönlich eine echte Überraschung - bei einer britischen Studie heraus, dass 33 % der teilnehmenden Frauen das Putzen im eigenen Haushalt als entspannend, therapeutisch und erfüllend empfinden. Allerdings würden sie dies gegenüber ihrem Partner aber niemals zugeben. Wenn Sie auch zu dieser Spezies gehören: Glückwunsch! Für alle anderen: Es gibt jetzt nicht nur automatische Staubsauger und Rasenmäher, die selbst losziehen und die Arbeit verrichten; man kann nun auch auf Fensterputz-Roboter zurückgreifen.)

# Die Macht der kurzen Wege.

## „JE NÄHER JE LIEBER"?

Wenn es irgend möglich ist, wohnen Sie in der Nähe Ihrer Arbeit / des Kindergartens / der Schule. Alle Orte, die Sie praktisch täglich aufsuchen müssen, sollten in Ihrer Nähe sein. Je kleiner das Dreieck Wohnort – Arbeit – Kindergarten ausfällt, desto weniger Zeit vergeuden Sie im Auto oder in den öffentlichen Verkehrsmitteln. Und es ist erwiesen, dass Pendler, gerade wenn Sie täglich mehr als eine Stunde Fahrzeit benötigen, häufiger krank und generell gestresster sind. Wen wundert's? Wer steht schon gern im Stau oder drängelt sich im überfüllten Bus mit Dutzenden anderer? Für die Gesundheit: Wenn möglich das Fahrrad nehmen; das schont Umwelt und Geldbeutel, zudem fördert es Ihr Wohlbefinden und spart das Fitnessstudio. Investieren Sie einmalig in sicheres und nützliches Zubehör (Helm, Reflektorjacke, Regencape), dann können Sie (und die Kids) quasi bei jedem Wetter fahren. Auch Ärzte und Einkaufsmöglichkeiten vor Ort sollten Sie nutzen. Unterschätzen Sie diesen Faktor nicht. Selbst wenn der Laden oder Discounter dort evtl. etwas teurer ist als der ein paar Kilometer entfernte, kommt man durch die Benzinersparnis oder - wenn Sie Freischaffender sind - durch die eingesparte Zeit finanziell auf das Gleiche hinaus. Oft rechnet sich sogar eine höhere Miete, wenn sie dafür näher am Geschehen wohnen. Je größer die Familie ist, desto einfacher macht es ein möglichst zentraler Lebensmittelpunkt: Auch Freunde, Sportverein,

TIPP

Auch kleine Kinder können schon gut lernen, mal ein paar Minuten zu warten. Also, nicht immer erst die anderen ... auch Sie sollten regelmäßig an erster Stelle auf Ihrer To-Do-Liste erscheinen, schließlich heißt es: „Frauen und Kinder zuerst ..." Aktuellen Studien zufolge sind Mütter, die das Wohl der Kinder nicht automatisch immer über Ihr eigenes stellen, langfristig glücklicher und leiden seltener an psychischen Erkrankungen. Und das ist doch auch zum Wohle der ganzen Familie bzw. Gesellschaft, nicht wahr?

Musikschule, etc. um die Ecke zu haben, bringt enorme Vorteile. Wege sind Zeitfresser und Nervenkiller. Deshalb lieber zweimal überlegen: Muss es wirklich genau die Schule im anderen Stadtteil sein oder ist die in der Nähe nicht auch gut? Und nicht vergessen: Eine Reise, die ist lustig ... Aber nicht zu den Hauptverkehrszeiten. Das Credo für einen glücklichen Alltag lautet: Fahrzeiten verkürzen oder aber bewusst nutzen. Suchen Sie sich das schnellste und unkomplizierteste Transportmittel aus: Die Regional- statt der S-Bahn, die an jeder Mini-Haltestelle hält. Den X-Press- statt dem Standardbus. Ansonsten kann man diese Zeit in den öffentlichen Verkehrsmitteln auch auf vielerlei Weise nutzen: Lesen, schreiben Sie, halten Sie Zwiegespräch mit Ihrem Kind/ Partner / Organizer, genießen Sie bewusst Ihren Kaffee, oder schauen Sie einfach mal wieder „nur" aus dem Fenster, betrachten Sie die Wolken und versuchen Sie abzuschalten – je nachdem in welcher Phase des Tages Sie sich gerade befinden und was Ihnen persönlich gut tut, denn: Es ist Ihre (Lebens-)Zeit.

## STAIRWAY TO HEAVEN.

Treppen steigen. Klingt paradox, ist es aber nicht. Denn – wenn Sie nicht gerade in den 12. Stock hoch müssen, verbringen Sie fast genauso viel Zeit damit, auf den Fahrstuhl zu warten wie gleich zu Fuß zu gehen, vorausgesetzt, dass Sie halbwegs fit sind. Zudem fördert das Treppensteigen die Gesundheit und die Wahrnehmung. Oft denkt es sich in Bewegung auch besser. Zudem muss man nicht ungeduldig vor dem Aufzug warten, sich mit anderen Fremden in einen kleinen Raum quetschen, verlegen an die Decke gucken. Im Treppenhaus kann man auch ganz prima mal Luft ablassen, den Ärger – über den nervigen Nachbarn, den doofen Chef oder den unzuverlässigen Partner rauslassen. Moderat (!) vor sich hin zu fluchen und dabei die Stufen hochstampfen kann eine ganze Therapiesitzung ersetzen.

## MEHRERE FLIEGEN …

mit einer Klappe schlagen. Nutzen Sie Ihre Organisiertheit bestmöglich. Erledigen Sie so viel möglich auf einmal. Vielleicht können Sie auf dem Weg zum Supermarkt gleich noch in die Apotheke springen? (Übrigens gibt es schon Apps, mit denen man Medikamente in die Apotheke vorbestellen und dann später gleich abholen kann.) Oder beim Kochen über die nächste Kundenakquise nachdenken? Tun Sie das aber bitte in Maßen, sonst schadet es mehr, als dass es nutzt. Möglich: Beim Spazierengehen kann man die Einkaufsliste auf das Handy sprechen, nicht tippen. Ansonsten: Genießen Sie Ihre Umgebung. Auf langen Fahrten können Sie – ggf. mit den Kindern zusammen – Geschenkideen sammeln oder sich Geburtstagsreime ausdenken. Das ist kreativ, kann lustig werden und ist ein garantiert originelles Geschenk! Aber: Bitte beizeiten damit anfangen, damit zum Schluss nicht alle unter Druck stehen, wenn es darum geht, noch ein Geschenk kreieren zu MÜSSEN. Stellen Sie sich Ihre Wege als eine Schatzkarte vor, auf der Sie so viel wie möglich so schnell und bequem wie möglich zu erreichen versuchen. Oft ist es nur eine Frage der Chronologie oder aber der Flexibilität (Supermarkt zu weit? Ok, dann kauf ich das Obst halt beim kleinen Laden um die Ecke ...)

TIPP

Verzichten Sie aufs Doppel-Putzen. Besonders häufig ist zu beobachten, dass vor großen Festen etwa die Bude in jeder Ecke auf Hochglanz poliert ist. Wozu? Nur damit zwei Stunden später die Horde einfällt? 99 % wird das vorbereitende Geputze gar nicht aufgefallen sein. Danach ist die Wohnung derart verwüstet, sprich man hatte Spaß, dass es doch viel mehr Sinn macht, DANACH ordentlich sauberzumachen. Wozu sich also zweimal innerhalb von 24 Stunden die gleiche Arbeit machen?

**BIS DER ARZT KOMMT.**

Ui, zugegeben, es ist nicht einfach, bei Arztterminen Zeit zu sparen. Am besten, Sie koppeln Termine, wenn möglich. Bei Vorsorgeuntersuchungen klappt das manchmal, dann kommen gleich alle Kinder nacheinander dran. Oder Sie haben während der voraussichtlichen Wartezeit eh noch etwas anderes in der Nähe zu erledigen? Vielleicht richten Sie es auch ein, nicht gerade zu den Stoßzeiten in der Praxis aufzuschlagen: ganz früh oder spät, dann ist das Wartezimmer meist nicht so voll. Eventuell kann auch ein persönliches Wort, ein echtes Kompliment oder gar hin und wieder eine Blume als Mitbringsel helfen, ein freundschaftliches Verhältnis zur Sprechstundenhilfe zu pflegen ... Nicht die feine Art, aber im akuten (Zeit-)Notfall hilft es auch manchmal, ganz besonders geräuschvoll abschreckend zu husten, um ausnahmsweise außer der Reihe gleich drangenommen zu werden ;-)

**HOME SWEETHOME.**

Nehmen Sie jeden mit nach Hause! Nein, im Ernst, was geht, wird hergeholt: Der Kinderarzt im Akutfall, der (Hunde-)Friseur, die Nageldesignerin Ihres Vertrauens. Meist ist es (fast) genauso teuer, als wenn Sie selbst hingehen: Zudem sparen Sie den Weg, Wartezeiten und ggf. das Fahrgeld. Das gleiche gilt für Lebensmittelhändler, Biobauernprodukte, Weinhändler, etc ... meist ist auch der Apothekenlieferservice kostenfrei, was nicht bedeutet, dass sich der Überbringer nicht über ein kleines Trinkgeld freut ... Inzwischen liefern sogar einige Anbieter die kompletten Zutaten inkl. Rezepte für das Mittagessen einer ganzen Woche nach Hause (s. o.) – selbst einkaufen war gestern.

# Organisation ist alles.

### HÖREN SIE AUF IHREN KOPF.

Auch wenn man leicht verleitet wird, mehrere Dinge auf einmal zu machen ... Reduzieren Sie das Gleichzeitig-Tun auf ein Minimum. Denn zu viel Multitasking schlaucht und macht den Kopf (über) voll. Auch wenn frau dem Mann hierbei überlegen sein soll: Am effektivsten ist man, wenn man die Sachen zügig nacheinander abarbeitet – dies gilt vorrangig für komplexe Tätigkeiten. Achten Sie also darauf, WAS Sie tun. Weniger Anspruchsvolles wie Fenster putzen und gleichzeitig Musik hören oder Gassi gehen und telefonieren funktioniert meist reibungslos; telefonieren und E-Mails beantworten dagegen ist wenig effizient.

## JEDEM DAS SEINE.

Arbeit delegieren heißt das Zauberwort. Geben Sie ab, was immer möglich ist: An die anderen, an Ihren Kalender, an Ihre Kollegen, an die Familienmitglieder. Aber auch an die Wäscherei, die Änderungsschneiderei, die Putzhilfe. Gewöhnen Sie sich unbedingt ab, die anderen zu kontrollieren. Das ist ein Zeitfresser, der außerdem wenig vertrauensfördernd ist. Loben Sie stattdessen großzügig, wenn die Dinge klappen.

## DIE SCHWARZE LISTE ...

Dinge aufzuschreiben, um sie zu ordnen, ist eine sinnvolle Sache. Doch bedenken Sie: Listen sollen helfen, aber nicht dominieren! Eine Liste soll drei Dinge erfüllen: Ihnen die Arbeit des Sich-Merkens abnehmen, Ihre Zeit realistisch einteilen und Sie motivieren. Ja, Sie sollen sich freuen, über das, was Sie schon geschafft haben. Beim Blick in Ihren Organizer sollen Sie nicht resigniert den Kopf schütteln, sondern gutgelaunt, bestenfalls konzentriert wieder aufschauen. Aha, so gut ist das geplant, das und das dann und dann. Wenn Sie jedoch das lähmende Gefühl haben, das sowieso alles wieder nicht schaffen zu können, läuft etwas schief. Dann müssen Sie Ihre Organisation organisieren. Das heißt: Fragen Sie sich, ob die Liste nicht einfach zu lang/unrealistisch ist? Die Prioritätensetzung fehlt (Was ist WIRKLICH wichtig?) Und: Ist sie übersichtlich genug? Warum bin ich frustriert, wenn ich mir meine To-Do-Liste anschaue? Vermeintlich wegen der Dinge, die drauf stehen. Eigentlich aber, weil ich das Gefühl habe, von vornherein verloren zu haben, da ich das alles gar nicht hinkriegen kann. Das liegt daran, dass die meisten Listen schon bereitsfalsch angelegt sind: In 90 % steht viel zu viel drauf, und es ist zu wenig Puffer vorhanden. Pausen und Platz für

Unvorhergesehenes MÜSSEN bleiben, sonst gerät man nur noch stärker und schneller unter Druck. Zum anderen ist die Menge, die an einem Tag erledigt werden soll, einfach oft utopisch. Und es fehlen klare Strukturen, die die Dringlichkeit und Wertigkeit der einzelnen Aufgabe auf einen Blick ersichtlich machen.

**GEMEINSAM IST MAN WENIGER ALLEIN.**

Familien-Kalender: Eine einfache Erfindung, die es inzwischen schon oft - z.B. in den Apotheken - kostenlos gibt. Im Familien-Kalender bekommt jedes Familienmitglied eine eigene Spalte. Dort kann jeder einzelne eintragen, wann was zu beachten ist. Vorteil: Keine Terminüberschneidungen und alles steht immer „schwarz auf weiß" da – keiner kann sich rausreden, wenn ein Termin verschwitzt wurde. In der Küche aufgehangen, sieht man alles auf einen Blick. Ob Fußballtraining, Elternabend, Muttertag oder Arzttermin – ein allgemeiner Timer erleichtert viel Hin- und Her und macht einiges an Planerei bereits im Vorfeld überflüssig (zudem werden alle Geburtstage eingetragen und so dem „Verschwitzen" derselben vorgebeugt. Einziger Nachteil: Alle müssen konsequent mitarbeiten. Man muss die Termine von digitalen oder anderen Kalendern regelmäßig übertragen. Das kann bei Terminänderungen schon mal heikel werden. Hat man einen gemeinsamen Rhythmus gefunden, und wissen es die Einzelnen einmal zu schätzen, ist der Familien-Kalender Gold wert. Oft sind die Feiertage und Schulferien auch schon vorgezeichnet, zudem gibt es einige, die den Sonntag als „Familientag" farblich abgehoben deklarieren. Er hat sich bewährt in der Praxis, und ist im Gegensatz zu all dem digitalen Kram absturzsicher!

## ORDNUNG IST DIE HALBE MIETE!

Oja: Wieviel Zeit vergeuden wir statistisch gesehen mit wiederholtem Suchen? Eine Frau verbringt zusammengerechnet zum Beispiel allein mehrere Tage ihres Lebens damit, in ihrer Handtasche zu kramen. (Großformatige Schlüsselanhänger und leuchtende Handyhüllen können helfen. Oder noch besser. Karabinerhaken zum einklinken am Tragegurt.) Zu Hause rennt man nicht selten von Pontius zu Pilatus, um den Mehrfachstecker oder den Impfpass zu suchen. Das muss nicht sein.

Dort hilft das „Opa-Prinzip": Mein Opa lebte strikt danach: Eine Sache immer am gleichen Ort aufbewahren, das heißt sich in Konsequenz und Selbstdisziplin zu üben.

Den Gegenstand stets dorthin zurückzulegen, wo man ihn weggenommen hat, verspricht, auch beim nächsten Mal auf nervige Suchaktionen verzichten zu können. Für ganz Schusselige oder eben besonders wichtige Sachen: Schlüsselanhängerfinder helfen. Daneben sind „Spicker" - Post-its, Pinnwände und Kalender - natürlich gute Gedankenstützen. Ansonsten: Grundordnung einhalten.

Muss ja nicht akribisch sein, dafür ist der Zeitaufwand gegenüber dem Nutzen zu hoch - aber zu wissen, im welchem Ordner, in welchem Teil des Regals die Autoversicherungsunterlagen abgeheftet sind, kann schon eine große Hilfe sein. Ebenso macht es Sinn, zu wissen, wo sich der Diamantring oder Juniors Asthmaspray befindet. (Wer von den anderen Familienmitgliedern sich nicht daran hält und Wichtiges durcheinanderbringt, muss Strafe zahlen, z.B. Fenster putzen.)

## WISSEN, WO MAN STEHT. HIERARCHIEN

sind notwendig. Das klingt gerade für moderne Eltern hart. Tatsache ist aber: Kinder brauchen klare Strukturen, keine Tyrannen, Gott bewahre. Aber sie müssen wissen, womit sie rechnen können. Klar, Ausnahmen bestätigen die Regel; dennoch ist es einfacher, nicht jedes Mal seine Grenzen neu testen lassen zu müssen – was die kleinen Racker phasenweise ohnehin tun. Wenn jeder seine Aufgaben kennt und nicht jede Minute aufs Neue diskutiert werden muss, wer die Grundsatzentscheidungen trifft – natürlich die Erwachsenen! – ist das schon eine große Hilfe. Diskussionen sollen erlaubt sein, am besten zu bestimmten Zeiten, zum Beispiel beim regelmäßig stattfindenden Familienrat.

Aber sie dürfen den Alltag nicht torpedieren. Basisdemokratische Strukturen funktionieren gerade bei großen Familien mit vielen Kindern nur bedingt. Sonst läuft im wahrsten Sinne des Wortes „alles auseinander". Einer muss den Hut aufhaben, am besten der mit mehr Weitblick als bis zum nächsten Kaugummiautomaten. Selbstverständlich sollen Kinder mitentscheiden können. Dass sie nicht alles selbst bestimmen können, heißt nicht, dass sie keine Rechte haben. Im Gegenteil, es ist unabdingbar, auf seine Kinder zu hören. Ihnen zu hören, sie wichtig und ernst zu nehmen. Doch im Zweifelsfall wird Ihr Kind Sie auch lieben und respektieren, wenn es jetzt keinen Abstecher ins Spielzeugparadies gibt – es sei denn, es war vorher versprochen. Vielleicht wird Ihr Kind aus Protest im ersten Moment Zeter und Mordeo schreien, Sie verfluchen oder die Kullertränen laufen lassen, aber es lohnt sich, das auszuhalten. Sie sind nicht immer der liebste Freund Ihres Kindes, aber der verlässlichste.

## DU BIST RAUS! ENTRÜMPELN:

Je weniger (überflüssige) Dinge Ihre Korridore und Schränke verstopfen, desto besser. Denn jedes Ding ist ein Zeitfresser. Vor einem Jahrhundert bestand ein Haushalt im Schnitt aus wenigen Dutzend Dingen, heute besitzt der Durchschnittseuropäer über 10.000 (eine afrikanische Familie hingegen übrigens nur etwa 200). Das kostet Geld und Zeit: kaufen, sortieren, verstauen, benutzen, in Stand halten, pflegen, umstellen. Und das Kuriose dabei: Die Hälfte bis Dreiviertel der Gegenstände davon nutzen wir nie! Das kennen Sie sicher: Der verstaubte Wok auf dem Schrank? Die hübschen aber Blasen hervorrufenden High-Heels im Schrank? Das vergessene Kinderspielzeug und das alte Paar Winterreifen im Keller? Ist doch Wahnsinn, oder? Kennen Sie die Redensart „Jedes Ding hat seinen Diener", das potenziert sich: Das Ei den Eierbecher, das Messer das Messerbänkchen ... Weg mit den Platzfressern. Die Lösungen: Beim Trödeln noch ein paar Euro verdienen. Oder das Zeug selbstlos gemeinnützigen Zwecken zur Verfügung stellen. Im Secondhand-Laden tauschen. Egal, wofür Sie sich entscheiden: Sich auf das Wesentliche zu beschränken und zu besinnen ist reinigend. Eine Wohltat für Augen, Bauch ... und Kopf. Schnell hat man das angenehme Gefühl, Ballast loszuwerden. Denn Entsorgen heißt nicht Entsagen, im Gegenteil: Wer sich nicht trennen kann, findet im Internet verschiedenste detaillierte Anleitungen zum „richtigen" Entsorgen bzw. es gibt inzwischen sogar persönliche „Entrümpelungsberater". Die wichtigste Regel im Kleiderschrank, im Kinderzimmer sowie an allen anderen Plätzen: Für jedes Teil, das dazukommt, muss ein anderes weichen!

# Selfmanagement

**HAVE A BREAK, HAVE A „KID-CAT".**

Pausen sind das A und O. Auch wenn es schwerfällt, weil vermeintlich noch so viel zu erledigen ist ... Hinsetzen und durchatmen, wenn das Baby endlich schläft? Bei einem Vollbad auftanken, wenn ein Termin ausgefallen ist? Stattdessen tun wir meist das Gegenteil: Wir drehen die Schraube noch weiter. Legen uns nicht hin, sondern fangen an, Wäsche aufzuhängen. Wir investieren nicht in uns, sondern in Nebensächlichkeiten. Wenn uns diese wenigstens Freude macht, ist nichts dagegen einzuwenden, doch seien wir ehrlich: Wie oft ist das der Fall? Getrieben von perfektionistischen Ansprüchen vernachlässigen wir das Achtsamkeitsprinzip (aus dem Buddhismus abgeleitet), das besagt: Ganz gleich, was du machst, tu es ganz bewusst. Konzentrier dich darauf und finde Freude in deiner Tätigkeit.

**GESCHENKT! NÜTZLICHE GESCHENKE.**

Geburtstag? Hochzeitstag? Weihnachten? Muttertag? Sie dürfen sich was wünschen? Verzichten Sie auf unnötigen Krimskrams oder Dienstleistungs-Gutscheine, die doch nie eingelöst werden (15-25 % aller Gutscheine verfallen ungenutzt) und sagen Sie Ihren Lieben durch die Blume, über was Sie sich wirklich freuen würden: Etwas Nützliches! Lieber Hilfe statt eingepackte Geschenke wünschen: Bei der nächsten Feier aufbauen, kochen, aufräumen lassen. Einmal Wohnung putzen, 3 h Unkraut jäten, eine Woche den Einkauf erledigen, 2 x Babysitting. Dinge, die Ihnen Platz und Zeit lassen für „Banales", wie in Ruhe in ein Buch schauen oder endlich den Film sehen, den

TIPP

Schluss mit dem Selbst-mach-Wahn. Ich behaupte ja nicht, dass es nicht schön ist, wenn Kinder erleben, wie man Dinge selbst herstellt, und dass nicht gleich alles gekauft werden muss. Aber erstens müssen nicht immer Sie das auch noch stemmen und zweitens wird das Kind nicht automatisch zum Kons-umfetischisten, nur weil nicht alles in seiner Umgebung von A bis Z handgeklöppelt ist. Ich staune immer wieder, wie sich gestandene Frauen mit dem Mutterwerden in (z. T. auch überengagierte bis bei-nahe-militante) Näherinnen, Bäckerinnen, Strickerinnen und Bastlerinnen verwan-deln. Plötzlich ist nichts Gekauftes mehr gut genug, (absurd, früher war es genau andersherum:) Übrigens eine schöne Szene in dem an-sonsten erwartbar seichten Film „working mum", wo sie als gestresste berufstätige Mutter perfekt sein möchte, grandios scheitert, und bei einem Schulkuchenbasar im Schweiße ihres Angesichts mit allerlei Tricks und Werk-zeug versucht, den gekauf-ten Kuchen so herzurichten, dass er als selbstgemacht durchgeht. Fazit: Forget it. Machen Sie das, was Ihnen Spaß macht. Für den Rest ist der Papa, der Kindergar-ten, die Tante, der Opa, die Schule und nicht zuletzt das Kind selbst zuständig ...

Sie schon so lange anschauen wollten. Entspannung muss (fast) nichts kosten: Einen freien Nachmittag in Ruhe mit der besten Freundin verquatschen. Ein duftendes ungestörtes Vollbad in der heimischen Badewanne kann sogar stressfreier sein als in den Wellnesstempel zu hetzen und sich mit 10 anderen Unbe-kannten „verwöhnen" zu lassen. DAS ist doch mal was, oder? Lassen Sie sich auch ruhig von Partner und Kindern „Zeit schenken". Dies hat den Vorteil, dass es den Schenker nichts kostet und gleichzeitig führt es den anderen Fami-lienmitgliedern noch deutlicher vor Augen, wie viel Arbeit und Zeit Sie ständig in die Alltagsdinge stecken.

## DO-IT-YOURSELF.

Ja, aber nur das, was Ihnen auch Freude bringt. Die meisten Mütter sind auf „fleißig sein" getrimmt. Risiko! Seien Sie öfter mal egoistisch, „faul" und lassen den Müll einfach stehen. Versuchen Sie mal eine Woche möglichst nur das zu tun, was einigermaßen Spaß macht! Denken Sie zurück, wie einige damals die Schule gemeistert haben: Nur tun, was unbedingt nötig ist. Schieben Sie im Job mal eine zeitlang „Dienst nach Vorschrift", nicht mehr ... Und zu Hause - wenn Sie statt kochen lieber das Bad selbst fliesen wollen, ist das doch super. Das sonst für den Handwerker verwendete Geld wird einfach in den Mittags-Lieferservice inve-stiert. Denken Sie quer. Sie haben es in der Hand.

## NICHT ALLEIN DAS LEBEN LEHRT.

Auch Sie können die Lehrerin in sich entdecken. Dazu ist weder der strenge Haarknoten noch ein verkniffener Gesichtsausdruck vonnöten. Machen Sie es wie der alte nette Pauker, der aus dem Leben lehren möchte. Ohne Zwang aber konsequent. Zum Beispiel Haushaltsaufgabenverteilung: Zwingen Sie niemanden die Wäsche zu waschen, wenn es abgesprochen war. Aber Sie tun es im Ernstfall dann auch nicht. Als Konsequenz ist die Lieblingsjeans am großen Tag dann eben nicht sauber. Verantwortung / Verzicht muss gelernt werden: Auch die Kinder (und manchmal selbst der Partner noch oder wieder) müssen verstehen, dass sie selbst – für die Belange der Gemeinschaft, aber auch und gerade für ihre eigenen – Verantwortung übernehmen müssen und ggf. mal verzichten. Schließlich führen Sie kein Hotel namens „Mama".

### GUT GEMACHT!

Seien Sie gut zu sich selbst. Belohnen Sie sich. Den meisten Menschen fällt das zuerst schwer, obgleich sie es unbewusst sowieso häufig tun. Dabei wenden auch Sie dieses einfache, aber wirkungsvolle Prinzip wahrscheinlich täglich bei anderen an: Wenn Sie die Kinder loben, wenn Sie sich bei der Nachbarin für den tollen Kuchen bedanken, wenn Sie Ihrem Kollegen Ihre Anerkennung für dessen Arbeit aussprechen. Also, warum dann nicht bei sich selbst? Versuchen Sie es! Wenn Sie etwas außerordentlich gut gemacht, wenn Sie viel geschafft, eine heikle Aufgabe gelöst haben, immer dann, wenn Sie zufrieden mit Ihrer (Tages-)Leistung sind. Gönnen Sie sich etwas. Sie werden motiviert(er) sein. Es muss nicht immer gleich ein neues Paar Manolos sein, wenn das Familienbudget eher knapp bemessen ist. Oft genügt es, genießerisch die Lieblingsschokolade zu naschen. Oder für ein Kurznickerchen eine halbe Stunde das „Bitte nicht stören"-Schild an die Schlafzimmertür zu hängen. Vielleicht sparen Sie auch für eine größere Anschaffung oder

Reise; dann versenken Sie das Geld guten Gewissens und mit einem Lächeln im entsprechenden – nur dafür bestimmten(!) – Sparschwein. Sie haben es sich verdient. Loben Sie sich: Es ist wissenschaftlich belegt, dass gelobte Mitarbeiter motivierter, kritikfähiger und z. T. auch produktiver sind. Ausprobieren! Und: Loben lassen – manchmal braucht das Umfeld eine Extraeinladung, macht nichts. Hilft trotzdem und steter Tropfen höhlt den Stein. Manche Zeitgenossen kommen dann vielleicht bald von selbst drauf, öfter einmal von sich aus Anerkennung zu zeigen.

## OMM! KOPF FREIMACHEN.

Lassen Sie sich den Kopf durchpusten. Bunkern Sie nicht alles (vor allem Negatives) in Ihren Gedanken, sonst tappen Sie schnell in die Grübelfalle. Entkommen Sie der Gedankenspirale, indem Sie beizeiten ausbrechen: Analog zum roten Telefon beim Präsidenten, legen Sie sich ein rotes Büchlein zu. In diesem werden zuoberst wirklich nur ganz wichtige Sachen vermerkt (Mitarbeitergespräch, Arzttermine, Klassenfahrt, Fristende Steuererklärung). Wenn Sie möchten, können dann nach Priorität geordnet weitere Dinge folgen, aber die wichtigsten müssen auf einen Blick - z. B. deutlich in Rot gekennzeichnet - ersichtlich sein! So wissen Sie immer, ob und was Bedeutendes in dieser Woche ansteht. Der Rest fällt unter „wäre schön, wenn es klappt". Das entlastet ungemein und macht den Kopf freier. Denn nun müssen Sie nicht jedes Mal in Gedanken neu sortieren, sondern haben alles „im Blick" und können sich auf das Wesentliche konzentrieren. Dieses KISS-Motto – keep it stupid and simple - stammt übrigens aus der Werbung, die auch versucht, die Werbebotschaft so einfach wie möglich rüberzubringen.

# Unvermeidbares?!

**VON WEISSEN WESTEN UND ROTEN SOCKEN.
ES GEHT IHNEN NOCH EINMAL AN DIE WÄSCHE.**

Ein schier unendliches Thema, an dem sich die Geister scheiden. Die einen tun es täglich, die anderen nur, wenn es gar nicht mehr anders geht. Manche können gar nicht genug von Weichspüler und co. bekommen, andere nutzen aus Überzeugung nur die Waschnuss. Fakt ist: Wir verbrauchen ein Vielfaches an Textilien im Vergleich zu früheren Jahrzehnten. Tatsache ist aber auch, dass es nie so einfach war wie heute, den Wäschebergen Herr zu werden. Gab es früher, in manchen Gegenden noch bis vor kurzem, einmal in der Woche den Waschtag, an dem mühselig eingeweicht, gekocht, geschrubbt und gewrungen wurde, schafft das heute die Maschine auf Knopfdruck. Wo früher viel Aufwand und große Anstrengung beim Bügeln und Plätten mit Wäschemangel und gusseisernen Plätteisen nötig war, geht es heut leicht von der Hand. Doch ein Zeitschlucker ist vor allem das Bügeln noch immer. Erste Regel: Bügelfreie Textilien kaufen. Auch sonst möglichst auf „Extrawürste" verzichten; weder Handwäsche-Stücke noch sonstige Sondersachen erstehen. Gerade die Einzelstücke erfordern Aufmerksamkeit und ihre Sonderbehandlung Zeit. Zudem ist die Gefahr groß, dass, wenn Sie die oben genannten Tipps beherzigen und Aufgaben delegieren, früher oder später dem ach so teuren Stück ein bedauerliches Missgeschick widerfährt. (Kurios: Ich kannte mal ein junges Studentenpaar, das sogar so weit ging, ausschließlich schwarze und weiße Sachen zu tragen, um sich das farbliche Sortieren beim Waschen zu sparen ...)

## YES, I CAN. ABER ICH MUSS NICHT: PUTZEN.

Das leidige und von der Produktindustrie viel geliebte Thema. Noch nie gab es so viele Putzmittel auf dem Markt; noch nie haben Verbraucher so viel davon gekauft. Überflüssigerweise: Die meisten Produkteigenschaften sind Mythen.

Wie überall gilt auch hier für mich: Das richtige Arbeitsmaterial ist das A und O. Das bedeutet aber nicht, dass ich zwanzig verschiedene Flaschen mit verschiedenen Namen herumstehen haben muss, in denen annähernd das Gleiche drin ist, und von denen ich in der Regel doch nur zwei benutze. Ein ordentlicher Staubsauger, ein angenehmes Paar Gummihandschuhe und verschiedene raue Lappen oder Schwämme sind meist ausreichend, sparen Platz und Geld. Halten Sie es wie mit Arztbesuchen: Gerade so viel wie nötig und so wenig wie möglich! (Aus Ihrer Sicht versteht sich, nicht aus Perspektive der Schwiegermutter, Nachbarin oder Freundin). Auch im Sinne der Kinder, vor allem der Kleinen, rate ich zu Gelassenheit. Mehr Zeit für Kinder statt mehr Zeit fürs Schrubben. Mit den Kindern zu reden, zu spielen, zu lachen ist weitaus wertvoller und besser investiert als das Streben nach einer perfekten Wohnung im Hotelstandard! Wenn Sie sich damit nicht anfreunden können, sollten Sie abgeben. Gern auch an Externe; eine Putzfee, selbst wenn sie nur alle zwei Wochen grundreinigt, ist eine Superinvestition - oft auch für den Haus- und eigenen Seelenfrieden. Gerade Mütter zu Hause bzw. deren Männer tun sich manchmal schwer damit, Geld für etwas zu bezahlen, dass ja eigentlich auch „inhouse" erledigt werden könnte. Das ist auf den ersten Blick nachvollziehbar. Doch sollte bedacht werden, dass Sie als Mutter noch eine Menge anderer wichtigerer Dinge

als Fensterputzen zu tun haben, die Ihnen niemand abnehmen kann (Trösten, Entscheiden, Liebhaben ...). Und auch wenn Sie aktuell nicht (den Löwenanteil) zum Familieneinkommen beitragen, haben Sie in einer gleichberechtigten Beziehung doch das gleiche Recht, zu entscheiden, was damit geschieht, wie Ihr Partner, schließlich tragen Sie ja anderweitig Ihr Schärflein dazu bei. Zuletzt: Dieses Thema betrifft die ganze Familie, denn es ist ja nicht allein Ihre Aufgabe, die Wohnung sauber zu halten, schließlich machen Sie sie ja auch nicht allein schmutzig. Wem es bei Ihnen nicht gefällt, der soll gehen – oder selbst Hand anlegen. Und im Notfall hilft die humorvolle Argumentation: „Bei uns braucht niemand vom Boden zu essen; wir haben Teller!"
Nichtsdestotrotz gibt es einige Dinge, die den Arbeitsaufwand im Alltag vermindern helfen: Vermeiden Sie Schmutzfänger, in dem Sie die Schuhe vor der Tür ausziehen lassen und Staubfänger - Nippes aller Art. (Trend: nebenbei wischen. Mit speziellen Putzschuhen beim Laufen oder Work-out den Boden wischen. Am unteren Ende der Hausschuhe befindet sich eine reinigende Microfasersohle. Und wer gerade Nachwuchs im Vierfüßlerstand behütet, kann ihm einen Putz-Strampler verpassen, der an Knien und Schienbeinen ebenfalls reinigungsfreundlichen Stoff hat). Größeren Kindern könnte ein Wettlauf mit unter den Sohlen geschnallten Schwämmen Spaß machen. Unterstützen Sie Ihre Helferlein: Starten Sie mit der gemeinsamen Putzaktion ein kinderfreundliches Hörbuch ... Für ganz Ehrgeizige: Um Ihren eigenen Body-Shaping-Trainingseffekt zu erhöhen, schnallen Sie bei der Arbeit einige Gewichte um Arm- und Beingelenke, aber bitte übertreiben Sie es nicht!

TIPP

Lästige Gänge wie zur Reinigung, zum Schuster, etc. blieben immer an Ihnen hängen? Probieren Sie Folgendes aus: Sie bringen die Kleidungsstücke hin, aber ein anderer muss sie wieder abholen. Sie dürfen NICHT weich werden. Spätestens wenn die Lieblingsjacke / -schuhe vermisst werden, wird sich einer finden, der sich auf die Socken macht.

## SHOPPING TIME. EINKAUFEN.

Butter vergessen? Noch schnell was fürs Wochenende holen? Nehmen Sie Abstand von dem „Mal-schnell-Reinspringen-Aktionen". Einkaufen dauert. Egal ob Sie mit einem vollen Einkaufswagen oder einem Päckchen Milch an der Kasse warten müssen. Die Gesamtzeit ist fast dieselbe. Planen Sie besser einen Wocheneinkauf ein, an dem Sie alles Wichtige besorgen. Um schnell zu sein, fahren Sie am besten dorthin, wo es alles im Angebot gibt, auch wenn es etwas teurer ist. Im Ergebnis ist es die Zeit- und Kraftersparnis wert. Und besuchen Sie möglichst die gleichen Läden, denn dort kennen Sie sich aus und müssen nicht erst fünf Minuten nach dem Brot suchen. Überlegen Sie, was die Woche über jeden Tag gekocht werden soll und kaufen entsprechend große Packungen, wenn Sie etwa planen, auch einzufrieren. Am einfachsten geht Einkaufen ohne Kinder. Andererseits sollen diese auch lernen, wie es geht: Also, Einkaufszettel schreiben, möglichst nur das Geplante einkaufen und die Kinder mittels der Übertragung von kleinen verantwortungsvollen Aufgaben zu Komplizen machen. Einer darf allein die Eier holen, einer das Gemüse aussuchen und der Älteste die Zutaten für ein ganzes Mittagessen besorgen. Das lenkt zudem einigermaßen ab. Wenn dies nicht ausreicht, vorher Vereinbarungen treffen, dass sich jeder eine kleine Sache aussuchen darf und dann ist Schluss. Daran festzuhalten, auch wenn eines der Kids einen peinlichen Tobsuchtsanfall mitten im Laden bekommt – ist nicht leicht, aber heroisch ...

Nein, im Ernst, es ist wie beim Rauchen-Aufgeben, auf die Dauer werden Sie von Ihrer Standhaftigkeit profitieren. Ansonsten gilt: Quengelware meiden (es gibt löblicherweise z. B. in Berlin Mitte

bereits Läden mit mindestens einer Kasse, die nicht von Süßigkeiten auf Kinderaugenhöhe etc. gesäumt wird. Dies ist übrigens der Verdienst einer gleichermaßen genervten wie entschlossenen Mutter, die so lange auf diese Maßnahme pochte, bis sie Erfolg hatte.)

**REVIVALS FEIERN.**

Dinge weiternutzen: Flicken, ausbessern, reparieren: Auch wenn in unserer konsumfreudigen Zeit das „Heilmachen" zunehmend aus der Mode kommt, lohnt es sich doch oft, oder ist schlicht nicht zu vermeiden. Ob es Zeit spart, ist vom Aufwand abhängig: Schnell einen Knopf annähen geht rascher als eine neue Jacke zu kaufen. Bei anderen Dingen investiert man mehr, kann die Zeit aber prima als gemeinsame Aktivität nutzen. Größere Kinder kann man super anleiten. Ihnen in Ruhe „aus alt mach neu" zu zeigen, ist sicher sinnvoll investierte Zeit. Ein gemeinsames Projekt, sei es auch noch so klein, gemeinsam zu managen, durchzuhalten, ist eine wichtige Erfahrung. Das Gefühl, mit den Händen selbstständig etwas zu (er)schaffen, das krönende Erfolgserlebnis ist definitiv eine nützliche und schöne Erfahrung Das muss aber nicht im Selbstmach-Wahn gipfeln, s. o.) Für alles, was man selbst nicht macht oder machen möchte: Vielleicht fühlen sich auch Tanten oder Großeltern gebraucht und geschmeichelt, wenn sie gebeten werden, zu zeigen und auszuhelfen. Zusammen mit den Enkeln macht das natürlich besonders viel Spaß, aber sicher wird der eine oder andere Ihnen auch so lästige kleine Arbeiten abnehmen. Im Alltag zu helfen und so das manchmal ein Leben lang angesammelte Wissen und Können unter Beweis stellen und ggf. weitergeben zu können, kann für Großeltern sehr befriedigend sein. Wichtig: Ein kleines Dankeschön hin und wieder nicht vergessen! An den anderen zu denken, zeugt von Respekt und ist ein nettes Zeichen der Dankbarkeit. Schöner Nebeneffekt: Dadurch bleibt der Unterstützer doppelt motiviert (siehe Belohnungsprinzip).

## TEILE UND HERRSCHE!

Abgeben: Partner, Kinder, Umfeld - nehmen Sie die anderen mal ran. Dieser Punkt ist einfach zu wichtig, um ihn nicht noch einmal zu erwähnen. Entgegen landläufiger Meinung, zu der gerade Mütter oft neigen: KINDER können HELFEN! Und üben dabei gleich für spätere verantwortungsvollere Aufgaben: Einjährige können schon Schmutzwäsche in den Wäschekorb werfen, mit einer Mullwindel „Staub wischen", gemeinsam Spielzeug aufräumen. Generell sollten Kinder früh lernen, ihren eigenen Kram zusammenzupacken, sich eine Tasse oder ähnliches selbst zu holen. Tragen Sie Ihren Winzlingen nicht „den Popo" hinterher.

Auch in der Spielecke geht das: Nicht übertreiben, aber einmal am Tag wird aufgeräumt, am besten abends. Bei kleinen Kindern natürlich gemeinsam. Für Faule eignen sich auch prima diese Stoffkreise mit den Ösen am Rand, die sich mit einem Ruck zu einem großen Sack zusammenziehen lassen, der alles Spielzeug schluckt und dann problemlos an die Wand gehangen werden kann. Zwei- bis Dreijährige freuen sich, wenn sie miteinbezogen werden: Handtücher und Geschirrtücher zusammenlegen, Wäsche aus der Waschmaschine räumen, Spielzeugwegräumen (s. o.), beim Tisch decken helfen, fegen, auch schon beim Obst und Gemüse schneiden mitmachen (Gurken, Bananen, Äpfel).

Vier- bis Fünfjährige können Geschirr spülen und abtrocknen, den Tisch abwischen, Strümpfe sortieren und vielleicht sogar zusammenlegen. Auch das geht: den Tisch decken, Spiegel putzen, Blumen gießen, Spülmaschine ein- und ausräumen. Sechs- bis Achtjährige lieben es richtig angeleitet, beim Kochen und im Garten mitzuhelfen, z. B. Unkraut jäten, Betten machen und beziehen, Staubsaugen, Müll raus bringen, Haustiere versorgen. Neun- bis Zehnjährige können ohne Weiteres Wäsche sortieren und zusammenlegen, Badezimmer putzen, Böden wischen, Kleinigkeiten einkaufen, Pausenbrote schmieren. Ab Elf können sie bereits fast alles machen: Wäsche waschen, Küche putzen, kochen und backen.

TIPP

Einweggeschirr gibt es übrigens inzwischen auch in stylischen Designs und Mustern, sogar Kunststoffsektkelche und Besteck in Edelmetalloptik.

## MASCHINEN AN DIE MACHT.

Geschirrspüler, Geschirrspüler, Geschirrspüler! Kaufen Sie möglichst nur Geschirr, das da hinein kann. Und: Zeigen Sie ausnahmslos ALLEN Familienmitgliedern über einem Meter Körpergröße, wie man ihn bedient (gilt übrigens auch für Waschmaschine, Staubsauger und co.), damit sich keiner rausreden kann. Einräumen, ausräumen, zwei Knöpfe drücken, das ist nicht schwer und überfordert niemanden (Vorsicht natürlich mit den giftigen Spültaps bei kleinen Kindern!). Bei großen Feiern darf auch schon einmal ausnahmsweise Wegwerfgeschirr benutzt werden. Der Umwelt zuliebe besser Papp- statt Plastikteller wählen; diese gibt es übrigens auch aus recyceltem Material. Ist gut für die Nerven: Party aus, Müllsack auf, Teller rein, Sack zu, fertig!

TIPP

Es gibt auch tolle und sogar sinnvolle Alternativen zum eigenen Haustier. Zweimal die Woche mit der Nachbarskatze spielen oder Nachbars Lumpi zum Gassigehen ausführen. Zudem freuen sich die Tiere im Tierheim sicher über Abwechslung. Da können die Kinder auch gleich lernen, was es heißt, regelmäßig für ein Tier sorgen zu müssen, für es da zu sein und seinen Pflichten nachzukommen, auch wenn es schneit und man grad keine Lust oder Zeit hat, sich vielleicht sogar nicht gut fühlt.

## WECK DAS TIER IN DIR.

Haustiere sind ein wichtiges Thema. Erste Regel: Der, dem es gehört, ist zuständig. Basta. Das muss frau drauf bestehen. Allerdings greift dieses Prinzip erst bei relativ großen Kindern ... Deshalb ist gerade VOR der Anschaffung eines tierischen Mitbewohners zu überlegen, ob und ggf. welches Tier geeignet ist. Denn die artgerechte Haltung und damit das Wohl des Tieres müssen an allererster Stelle stehen. Natürlich müssen ohnehin alle im Hause Wohnenden prinzipiell einverstanden und auch jeder bereit sein, im Notfall mal einzuspringen. Eine andere Möglichkeit ist, dass generell gleich alle mitbeteiligt sind und sich an den Versorgungsplan halten. Allerdings sollte das Tier einen „Hauptmenschen" als Bezugsperson haben, der in erster Linie für dieses zuständig ist. Und: keine Ausreden. Ein Tier ist ein Lebewesen! Im Zweifel lieber verzichten. Darüberhinaus so einfach wie möglich machen: Große Futter- oder Streupackungen kaufen, gutes Zubehör, egal ob Leine, Käfig oder Futternäpfe, bei Schmuddelwetter gilt: Den Besitzer dem Hund draußen die Pfoten mit einem alten Handtuch abputzen, Fell regelmäßig bürsten lassen und bei Hunden unbedingt gleich am Anfang auf eine liebevolle aber konsequente Erziehung achten. Klare Regeln von Anfang an. Das macht sich später mehr als bezahlt, wenn aus dem süßen Welpen ein ponygroßer Hund geworden ist, der VOR dem Sofa und im Restaurant brav UNTER dem Tisch liegt!

## AUCH ROSEN HABEN DORNEN.

Der Garten – der einen Freud, der anderen Leid. So ein Garten kann - je nach Größe und Struktur - sowohl ein Hort der Erholung als auch ein Riesenklotz am Bein sein. Wie auch immer: Das Territorium muss gepflegt werden, sonst wuchert Ihnen alles über den Kopf. Als erstes sollte das Arbeits-gerät in Ordnung gebracht werden. Das scheint zwar erst einmal noch mehr Zeit in Anspruch zu nehmen, aber mit stumpfem und rostigem Gerät, losen Griffen und Co. verliert man bei jedem Arbeitseinsatz nur zusätzlich Zeit und es erhöht außerdem die Verletzungsgefahr und strapaziert das Nervenkostüm unnötig. Also holen Sie sich Unterstützung und los geht es, am besten hat sich eine effiziente Arbeitsteilung bewährt. Befreien Sie Gartengeräte wie Rasenmäher mit einer Bürste vom Schmutz der letzten Saison. Sind die Befestigungsschrauben gut ange-zogen? Zuerst die groben Dinge erledigen: Damit der Rasen

TIPP

Letztendlich gibt es auch
nach wie vor arbeitswillige
Teenager oder engagierte
Rentner, die Ihnen sicher
gern für ein kleines Ent-
gelt zur Hand gehen ...

nicht zu schimmeln beginnt, ist es wichtig, ihn von altem Laub zu befreien. Harken ist übrigens eine ziemlich leichte Tätigkeit, die man prima delegieren kann. Ebenso Unkrautjäten und Gießen. Wenn Ihnen das Grün wirklich am Herzen liegt bzw. bestimmte Auflagen zu erfüllen sind: Damit der Garten schön aussieht, ist es notwendig, größere Projekte über das Jahr hinaus zu planen:

Überlegen und planen Sie mit den anderen zusammen, welche Projekte im Garten in dieser Saison umgesetzt werden sollen, wie etwa die Pflanzung einer neuen Hecke als Sichtschutz. Wählen Sie viel pflegeleichte Pflanzen und evtl. große Flächen Rasen oder Kies. Vielleicht haben auch befreundete ambitionierte Hobbygärtner, die für Sie Pflanzen vorziehen oder sogar Spaß haben, in Ihrem Garten ein Eckchen eigenverantwortlich zu bewirtschaften. Dafür mähen diese dann den Rasen o. ä.

# Frei-z-heit

## „BITTE NICHT STÖREN".

Ein eigenes Hobby ist für viele Mütter der perfekte Ausgleich. Am zeitsparendsten ist es natürlich, wenn man es zu Hause ausüben kann und nicht erst umständlich irgendwo hindüsen muss. Ob gärtnern, nähen, auf dem Stepper schwitzen, malen oder Yoga - vielen Hobbys lässt sich problemlos in den eigenen vier Wänden frönen, vorausgesetzt die Familie spielt mit. Mitunter muss man sie ein Weilchen „erziehen", bis wirklich klar ist: Das ist jetzt Mamas Zeit; und sie wird wirklich nur im äußersten Notfall gestört. Da muss man konsequent bleiben. Andererseits tut ein gelegentlicher Ortswechsel dem Gemüt gut, manchmal muss man „einfach raus". Ideal, wenn man es dann - ganz gleich ob ins Café oder zur Tanzschule - nicht allzu weit hat. Auch eine Fahrrad- oder Motorradtour wirkt Wunder.

TIPP

Üben Sie sich in Egoismus. Nur wer die eigenen Bedürfnisse ernst nimmt, kann auch die der anderen wahrnehmen. Deshalb: Mindestens 1 x in der Woche eine Auszeit nehmen. Und zwar eine richtige Auszeit. Zeit nur für sich selbst reservieren. Stunden, in denen Sie etwas für sich und zwar nur für sich tun. Keinen anderen auf dem Radar haben, nichts im Kopf, nichts erledigen, nichts denken, was Ihnen keine Freude macht. Stellen Sie sich einfach vor, Sie seien 20 Jahre alt und Single. FREI SEIN heißt die Devise. Laufen Sie doch einfach einen Tag wie zum ersten Mal durch Ihre Umgebung. Spielen Sie Tourist in der eigenen Stadt, spielen Sie mal eine andere Rolle. Kichernder Teenager oder Grande Dame. Entdecken Sie unbekannte Ecken, gehen Sie einfach mal in Geschäfte, die Sie sonst nie betreten. (Natürlich sollten Sie auch Ihrem Partner diesen Auszeit-Luxus zugestehen.)

TIPP

Gerade wenn die Kinder
sehr klein sind, gilt: Sie
müssen nicht zu allen
Kindergeburtstagen gehen,
zu denen Sie eingeladen
werden. Noch haben die
Kids nicht allzu viel davon
/ können einander kaum
unterscheiden und sind
auch mit einem „normalen"
Spielenachmittag zufrie-
den. Das ist im Endeffekt
oft besser, als ein Dutzend
aufgedrehter Kinder und
doppelt so viele gestresste
Elternteile. Erst wenn die
Kinder selbst hingehen
möchten und andernfalls
traurig wären, meist ab
ca. 3-4 Jahren, ist es Zeit,
ihnen den Wunsch wenn
möglich zu erfüllen.

## WE ARE THE WORLD.

Gutes tun. Nicht nur zu Hause. Auch wenn Sie wenig Zeit haben, wird sich einige dafür finden lassen, zum Beispiel für Ihre ehrenamtliche Tätigkeit, wenn es Ihnen wichtig ist..

## EIN FREUND, EIN GUTER FREUND ...

Freunde sind wichtig. Vor allem für Kinder. Allerdings kann die Hin- und Herfahrerei ganz schön aufs Zeitkonto gehen (immerhin verbringen Eltern hochgerechnet viele hundert Stunden als Chauffeur für ihre Kinder bis sie volljährig sind). Wenn Ihre Kinder Freunde treffen wollen, sollten Sie versuchen a) dies mit einem anderen Weg zu verbinden (zum Beispiel von der Schule abholen und gleich weiterfahren). b) die Freunde so oft wie möglich zu Ihnen nach Hause einzuladen. c) sich mit der Fahrerei mit den anderen Eltern zumindest abzuwechseln. d) die Kinder ab einem gewissen Alter selbstständig losziehen lassen, mit dem Bus oder Fahrrad (natürlich nur mit Helm!)

## SPORT IST (KEIN) MORD.

Körperliche Betätigung, bestenfalls eine Art, die Ihnen Freude macht, sollte drin sein in Ihrem engen Zeitplan. Denn, das sollten Sie auch Ihrem evtl. meuternden Ehemann und den Kindern klarmachen, eine Investition in Ihre Gesundheit und damit auch Zukunft. Besser, Sie verbringen die Stunden im Jahr beim Sport als beim Arzt. Dennoch gestaltet es sich nicht immer einfach, das Sportprogramm in den Wochenablauf zu integrieren. Wichtig sind klare Zeitstrukturen vorzugeben, am besten immer den gleichen Tag und die gleiche Uhrzeit fest einplanen. Auch und gerade, wenn Sie zu Hause Sport machen. Denn die Gefahr ist groß, dass immer wieder etwas dazwischen kommt. Es lässt sich überdies auch der innere Schweinehund besser überwinden, wenn dies klar definiert ist. Dann und dann ist Sport, ohne Wenn und Aber ... Holen Sie sich Unterstützung, sich mit anderen verbindlich verabreden, hilft! Außerdem sollten Sie als (Wieder-) Einsteiger etwas Einfaches wählen, das schon nach kurzer Zeit kleine Erfolgserlebnisse genießen lässt. Hauptsache, Sie bleiben dran - je regelmäßiger desto besser. Und so leichter wird Ihr Termin als solcher akzeptiert und berücksichtigt werden.

### „ICH GUCK NUR MAL SCHNELL …"

Unterhaltungsmedien als Zeitvertreib sind die größten Zeit-fresser. Waren es früher nur das Fernsehen und Radio, sind es heute eine Vielzahl von Medien, die mehr oder weniger schleichend unsere Aufmerksamkeit absorbieren. „Wie, schon wieder ne Stunde rum? Das gibt es doch gar nicht." Gibt es sehr wohl. Der Schlüssel: Bewusst gucken, nichts spricht dagegen, Ihre Lieblingssendung zu genießen. Aber dann tun Sie das auch (möglichst ohne Ablenkung) und schalten danach die Kiste wieder ab. Statt TV gucken könnten Sie tausend andere Sachen machen, die Sie eigentlich die ganze Zeit schon machen wollen - sogar, wenn Sie schon total müde sind: Reden (erschreckend: deutsche Paare reden durchschnittlich nur wenige Minuten pro Tag miteinander und auch die hauptsächlich über Organi-satorisches und nicht über Persönliches. Check: Kennen Sie Ihren Partner eigentlich noch? Was bewegt ihn, interessiert ihn zur Zeit? Welche Sorgen/ Freuden beschäftigen ihn? Was genau tut er den ganzen Tag? Wie sind seine Kollegen/ Chefs/

Kunden? Was wünscht er sich? Wovon träumt er?), lesen (egal ob anspruchsvolle oder Unterhaltungsliteratur; ein gutes Buch ist mindestens genauso spannend wie ein Film. Tipp für Faule: Hörbücher, gut gelesen sind sie ein wahrer Genuss: einfach Licht aus oder ein Kerze an, zusammenkuscheln und lauschen. Ob Charlotte Link, Dan Brown oder die 3 Fragezeichen ...), schlafen (Ausgeruht macht alles mehr Spaß; statt sich also zwanghaft abends wachzuhalten, schlummern Sie doch einfach friedlich schon um acht Uhr abends ein. Stichwort Schönheitsschlaf. Da ist was dran: im Schlaf regeneriert sich z. B. die Haut bis zu 7-mal schneller als am Tage), spazieren gehen (ein wenig Bewegung an der frischen Luft macht munter, selbst bei schlechtem Wetter. Es regt den Kreislauf an, fördert die Durchblutung und pustet nicht selten den Kopf frei.), und und und ...

## ICH BIN DANN MAL WEG.

Das Internet ist eines der, wenn inzwischen nicht sogar DAS meist genutzte Medium, und das nicht nur zu Hause: Allein 80 Prozent der Arbeitnehmer gaben an, mehr als zwei Stunden täglich im Internet zu verbringen. Wer es nicht zwingend für die Arbeit braucht, sollte sich mal ehrlich überlegen, was ihm davon wichtig ist. Facebook- oder Twitter-Account löschen? Ist die beste Lösung, weil doch die wenigsten wirklich so diszipliniert sind, nur alle ein/ zwei Tage für 20 Minuten, dort gezielt zu schauen, was die Lieblingstante in Übersee so treibt ... Unbestritten: Soziale Netzwerke – mit ihrem „schnell mal zwischendurch" Image, gerade auf den mobilen Geräten (was sogar bei Fußgängern durch den ständigen Blick aufs Handy die Zahl der Unfälle erhöht hat) - rauben uns viel unserer Freizeit. Doch nicht nur das, auch

Arbeitende verbringen dort viel zu viel Zeit, indem sie es falsch benutzen: Dem gezielten Suche nach einer bestimmten Information folgt oft das Festlesen, und man kommt vom Hundertsten ins Tausendste. Legen Sie lieber auch beruflich ein Surflimit pro Tag fest, das Sie ausschließlich im Notfall überschreiten. Und dazu zählen nicht die neuen Urlaubsfotos der Freundin. Laden Sie diese lieber persönlich ein und schauen Sie sich dann gezielt zusammen einige Fotos an. Wie in den guten alten Zeiten ...

## HEUTE HABE ICH LEIDER KEIN BILD FÜR DICH.

Seit dem Handyzeitalter ist Fotografieren einfacher denn je. Immer leichter bedienbare Kamerafunktionen machen immer bessere Bilder. So weit so gut. Nachteil ist, es tummeln sich bald Hunderte Bilder auf unserem Handy, meist unsortiert und ohne Back-up. Da liegen wichtige Bilder, das erste Babylächeln, der Hochzeitstag oder der Besuch bei der Urgroßmutter neben Momentaufnahmen vom Herbstlaub bis zu „Ausrutschern" (verwackelte, dunkle Schnappschüsse). Tausende Fotos verstopfen die Festplatte und man kommt einfach nicht zum Sortieren. Nach einer Reise „Neidfotos" im positiven Sinne zu zeigen, macht den Betrachtern kaum noch Freude, da wir einfach das digitale Gerät rausziehen und viel zu viele Bilder in viel zu kurzer Zeit nur durchswischen statt vorbereitet zu präsentieren. Damals - im guten alten papiernen Urlaubsalbum - haben wir schon aus Platz- und Kostengründen nur die besten herausgesucht. Das Album konnte herumgehen, es war irgendwie „zum Mitfühlen". Um Zeit zu sparen und die Menschen, die man teilhaben lassen möchte, sollte man:

TIPP

Manchmal hilft auch schon ein „Placebo" im Büro oder Homeoffice - ohne alles wegzuschmeißen mal „reinen Tisch" zu machen: Nicht nur den Schreibtisch sauber zu halten, sondern ab und zu richtig tabula rasa zu leben. Alles abräumen, richtig blitzeblank putzen. Dann wieder hinsetzen und bewusst den nun leeren Raum auf sich wirken lassen. Na, wie fühlt sich das an? Schließlich nach und nach alles gereinigt wieder aufstellen. Das kann beim Gedanken-ordnen helfen, z. B. um ein neues Projekt zu beginnen. (Aber bitte nicht jeden Tag machen; einen „Putzfimmel" zu entwickeln, hilft niemandem. Putzen um des Putzens willen ist ein erstes ernstes Anzeichen für ein psychisches Ungleichgewicht.)

a. weniger knipsen

b. möglichst gleich danach streng aussortieren und

c. genau checken, welche Fotos wirklich aufhebenswert sind

d. jedes Jahr beim Fotografen gelungene Bilder machen lassen UND / ODER

e. sie von einem Profi sortieren, ggf. aufbereiten und gleich in ein echtes gedrucktes Fotoalbum verwandeln.

Das hält noch immer länger als so manche Festplatte. Es gibt auch diverse tolle Fotosortier-Programme, die einem das lästige Hin- und Herkopieren, Doppelt-Ablegen etc. (PhotoSweeper) ersparen. Ein paar Euro zu investieren ist es wert. Ansonsten einfach wie früher machen, als man noch entwickelte, die besten 50 Fotos aus den 500 auswählen. Der Rest: weg damit oder - für Messis wie mich – die Dateigröße verkleinern, natürlich automatisch per Stapelverarbeitung und auf einer Riesenfestplatte hoch oben im Schrank ablegen. Ansonsten: Ausdrucken und einkleben kann eine gute meditative Übung sein in der Winterzeit und das Ergebnis ist gegen fast alle Hacker und Viren immun!

**UP TO DATE.**

Informiert sein: Um politisch und beim Tagesgeschehen nicht gänzlich außen vor zu sein, spricht nichts dagegen, sich seine tägliche Dosis (relevanter) News zu gönnen. Doch das muss nicht so lang dauern, wie man braucht, um eine seriöse Tageszeitung ganz durchzuackern. Wer zu wenig diszipliniert ist, schmeißt einfach gleich zu Lektürebeginn die Seiten raus, die er nicht lesen will. Dann ist auch der Leseteil gleich dünner. Wer nicht einmal dazu die Zeit hat, kann kostenlos einen (halbwegs intelligenten

Newsticker) abonnieren. Oder einfach 15 Min. abends die gute alte Tagesschau gucken. Wem das auch schon zu lang dauert, kann diese im Internet auch schon in verkürzten 100 Sek. schauen. Tageszeitungen / Wochenzeitungen und Magazine kann man ansonsten auch prima quer lesen bzw. nur das, was für einen relevant ist.

## „WEITABÜLDEN"

... Wer lernen muss oder will, tue es richtig. Nutzen Sie die stillen Helfer, früher das Lexikon, heute duden.de oder Wikipedia – wissen, wo es steht, ist ein „Zeitschenker". Seien Sie nur vorsichtig mit Ihren Quellen; nicht alles, was in Büchern oder im Internet zu finden ist, ist richtig. Ziehen Sie nur seriöse Quellen zu Rate. Um neue Dinge zu behalten, muss geübt werden. Die erste Wiederholung des Lernstoffes sollte am gleichen Tag stattfinden. Dann folgen größere Zeitabstände – wichtig sind kleine Lernhäppchen, die in neue Zusammenhänge gebracht werden und fortwährend wiederholt werden. „Sinnlich" zu lernen hilft nicht nur Schulkindern: Sprechen Sie den Stoff laut aus oder malen Sie sich die Zusammenhänge auf. Post-its helfen beim Vokabeln lernen, kleben Sie sie dorthin, wo Sie sich oft aufhalten oder wo sie sonst Sinn machen. Eine Übersichtsliste motiviert. Dort werden alle zu erledigenden Lernaufgaben aufgelistet und entsprechend durchgestrichen, wenn wieder etwas geschafft ist. Man kann verfolgen, wie der Lernstoff-Berg schmilzt ... (Brainstorming, sprich freies Assoziieren, kann beim Aufgaben einteilen oder planen helfen. Geben Sie den Abschnitten verrückte Namen, bauen Sie sich Eselsbrücken. Je origineller desto besser, aber nicht chaotisch werden.) Auch wenn die Zeit knapp ist: Pausen sind das A und O beim Lernen! Wer hier spart, zahlt schon bald drauf, denn die Konzentration leidet erheblich. Erwachsene sollten nach maximal 40 Minuten eine Auszeit einläuten: Am besten aufstehen, an die frische Luft gehen, einen Schluck trinken, den Blick schweifen lassen oder einen Happen essen. Wie wäre es mit Studentenfutter, das nicht umsonst als Gehirnfutter betitelt wird. Setzen Sie auch die „Rote Karte" ein: Karteikarten (Vorderseite Aufgabe, Rückseite Lösung) werden solange eingeprägt, abgefragt und erneut vorgelegt, bis sie von Ihnen vollständig verinnerlicht sind und aussortiert werden können (Vorteil Lernhäppchen und Selbstkontrolle). Auch Gruppenarbeit kann nützlich sein, allerdings sollten maximal vier Personen zusammenlernen. Vor allem vor Prüfungen kann das Erlebnis des Zusammenlernens das eigene Selbstbewusstsein stärken, Kraft und Zuversicht geben. Am besten, Sie planen kurz im Vorfeld das Lernziel des Treffens, um ein ungezieltes Herumschwimmen im Stoff zu verhindern.

## ES WERDE LICHT.

Noch einmal zum Thema Fotografie – allerdings zu einem anderen Aspekt. Wenn Sie zu den Food-, Mode- oder Mamabloggern gehören, kennen Sie sicherlich auch die Crux „mal eben ein gutes Foto zu machen". Die Zeiten, wo aufwändige Photoshopsitzungen die einzige Option waren, ein halbwegs vernünftiges Foto zu basteln, sind passé. „Photoshop gohome!" Neben den Voreinstellungen in den meisten modernen Handys gibt es jede Menge kleiner Apps, diebei der Bildbearbeitung helfen und zwar Speedy-Gonzales-schnell: Sommerteint-Booster, Teint-Straffer,

Instagram-Anmutung, Farb, Nostalgie-Filter, Anti-Rötung, der klassische Rote-Augen-Beseitiger ... Recherche im Netz und Sie finden garantiert den richtigen Helfer. Achtung: Ultraschallaufnahmen aus der Schwangerschaft verblassen - abfotografieren!

## KÖRPERPFLEGE.

My body is my castle. Nichts gegen ein gepflegtes Äußeres. Im Gegenteil. Aber ... frau kann es auch leicht übertreiben. Beispiel: Müssen / wollen wir wirklich jeden Tag eine Dreiviertelstunde früher aufstehen, um unsere Haare in Form zu bringen? Reicht nicht auch der Out-of-bed-Style, wenn frau dafür ausgeschlafener, entspannter und besser gelaunt in den Tag startet? Und: Für wen nehmen wir eigentlich all die scheinbar unverzichtbaren Beauty-Aktionen auf uns? Für uns selber? Hoffentlich lieben wir uns auch „nature". Und Sie? Mal ehrlich: Machen Sie all das Zeug für Ihren Mann? Sorry, aber wahrscheinlich wird er Ihre gepeelte Haut, gefeilten Nägel, sogar Ihre Hammerfrisur oder das eine Kilöchen weniger nicht einmal bemerken ... Manch eine(n) stört es nicht einmal, wenn die Beine im Winter nicht rasiert sind ... ;-) Also, wem das ganze Pflege-Gedöns zu viel wird, sei geraten: Auf's Nötigste beschränken: waschen, (Nägel) schneiden, (der Freizeit) frönen! Machen Sie mal ein paar Wochen einen großen Bogen um alle vermeintlichen Beauty-Tipps. Nicht verrückt machen lassen von all den Tricks und Empfehlungen in den Frauenmagazinen. Diese Publikationen leben davon, die hundertste Diät vorzustellen und die tausendste Hautcreme anzupreisen, das darf man nicht vergessen. Ein neugieriger Mensch hat mal ausgerechnet, dass, wenn eine Frau, die nur ein Drittel all der empfohlenen Dinge, beherzigen würde – inkl.

TIPP

Machen Sie es wie unsere Großmütter: Lüften Sie Kleidung am Fenster aus, bevor Sie sie gleich waschen. Manchmal genügt es auch, kleine Flecken kurz mit der Hand auszureiben, um sie noch einmal tragen zu können.

Informationsnachschub, Work-out, Massagen, Peelings, Gels, Spülungen, Schmink- und Klamottensessions etc., - kaum noch Zeit zum Schlafen hätte. Also, wer schön sein will, muss nicht leiden. Nur die Perspektive ändern: Medien und Werbung gaukeln uns eh ein Menschenbild vor, dass es so nicht gibt. Und mehr als 90 % der Coverfotos sind retuschiert.Es wird überall geschummelt und kein Star sieht immer so aus wie beim Fotoshooting. Jagen Sie nicht „falschen" Idealen hinterher, sondern definieren Sie Ihre eigenen. Seien Sie kein Beauty-Victim. Opfer sein lohnt sich nicht; nicht einmal für die eigene Schönheit. Sorgen Sie dafür, dass SIE sich gut und wohl fühlen. Das genügt voll und ganz, und Sie können sich getrost auf Wichtigeres konzentrieren (Meine ältere Freundin erzählt mir heute noch davon, dass man den Begriff „Cellulite" und die ganze Schönheitshysterie darum in der DDR bis weit in die 80er gar nicht kannte bzw. sich keiner – weder Männlein noch Fräulein –groß darum gekümmert hat.) Für gepflegte Kinder gilt ... Lassen Sie den guten alten Badetag wieder aufleben, auch Hautärzte empfehlen: täglich waschen, ein- bis zweimal pro Woche duschen / baden. Bei kleineren Kindern ruhig alle in einem Rutsch, nacheinander oder sogar zusammen in die Wanne packen. Spart Wasser und Zeit, und wird meist zum feucht-fröhlichen Vergnügen. Das Gleiche gilt für Klamotten kaufen, bürsten, Haare und Nägel schneiden. Die Individualität muss mit dem fortschreitenden Alter zunehmend berücksichtigt werden, aber meist erhöht das gemeinsame Bestehen des oft wenig geliebten Prozederes den Spaßfaktor. Und Sie oder Ihr Partner können gleich allen auf einen Streich mal ordentlich „den Kopf waschen". Fakt ist: Schminke brauchen Kinder nicht (außer zum Fasching).

Eincremen können sich die Zwerge zum Teil schon selbst (Nägel schneiden dagegen bitte nur unter Anleitung/ Aufsicht), Haare kämmen, schneiden (kann man mit ein bisschen Geschick und einer ordentlichen Haarschere auch prima selbst zu Hause erledigen – 10 Minuten fertig) und Zähneputzen sind Pflicht. Alles weitere – Zöpfchen, Nagellack und co. – wird nur auf Wunsch und nach Tagesform gemanagt.

### EINE MILDE GABE. GESCHENKE SUCHEN.

Wir laufen uns in gutem Glauben die Hacken wund, um ein tolles Geschenk zu finden. Manchmal investieren wir sogar sehr viel Zeit dabei, obwohl wir den zu Beschenkenden kaum kennen, z.B. beim Kindergeburtstag, bei entfernten Verwandten oder Kollegen aus einer anderen Abteilung. Wir suchen und grübeln, geben vor allem an Weihnachten Unmengen von Kohle aus … Und das Ende vom Lied ist, dass das im Schweiße Ihres Angesichts erstandene Mitbringsel statistisch in über 50 Prozent der Fälle doch nicht gefällt. Auch eine unangenehme Nebenwirkung unserer Überflussgesellschaft … Die Lösung: Entweder direkt nach einem konkreten Wunsch fragen, im Internet eine immer passende, aber wenig originelle Kleinigkeit bestellen und liefern lassen, wie Edel-Schokolade, Blumen oder Wein. Oder mal überraschen: Etwa, indem man gemeinsame Zeit schenkt. Ob Tortenschlacht mit ausgiebigem Kaffeeklatsch für die Freundin, ein gemeinsamer Theaterbesuch mit der ungeliebten Tante oder eine Partie Minigolf oder Wanderung mit Eisessen für den Neffen, der sonst nur mit seinem Handy rumdaddelt.

TIPP

Sie sind mit dem Schenken dran? Keine Idee? Keine Zeit? Sie können inzwischen für recht wenig Geld auch schon erfahrene Geschenkehelfer anheuern; beim Personal Shopping beraten diese Sie persönlich und effizient oder aber besorgen die Geschenke nach Ihren (Budget) Vorgaben gleich selbst.

## FREU(N)DE:

Sie treffen Ihre verbliebenen Freunde (gefühlt) nur noch alle Jubeljahre? Okay, und was ist schlimm daran? Stört Sie das wirklich so sehr? Oder ist es nicht auch nett, sich alle paar Monate/Quartale nett zu unterhalten und dann eben Spaß zu haben? Hauptsache ist, Sie machen sich nicht verrückt. Echte Freunde haben sich nämlich in aller Regel auch dann noch etwas zu sagen, wenn Sie sich länger nicht gesehen haben. Fördern Sie die persönliche Bindung durch Sammeltreffen, verabreden Sie sich gleich mit mehreren Freunden, wenn Sie mal Zeit haben. Warum nicht bei Ihnen zu Hause? Kurze Wege, ist praktisch, und wird vielleicht gleich noch lustiger mit verschiedenen Persönlichkeiten... Checken Sie aber auch mal ernsthaft, welche Personen Ihnen wirklich guttun, wie Sie Freundschaft definieren und – nicht zuletzt – was realistisch ist. Telefonate und das gute alte Briefeschreiben hat übrigens auch schon so manche Freundschaft über Distanzen hinweg am Leben erhalten.

## „FREIZEIT, KEIN FREIZEITSTRESS"

ist die Devise! Gestehen Sie jedem – auch sich selbst – ein Hobby zu, wenn möglich. EINES. Jedes Kind darf nur ein Hobby ausüben, zu dem es Ihre Hilfe benötigt. Und bitteschön ein nicht zu zeitintensives. Es muss einigermaßen ausgeglichen bleiben. Muss das Kind begleitet werden, teilen Sie dies auf: Sie und Ihr Partner, vielleicht finden Sie ja auch einen „Hobby-Paten", der Chauffeur spielt, Ausrüstung/Training im Blick behält und motiviert. Oder aber das Kind ist bereits selbstständig genug, um das meiste allein stemmen zu können – inkl. der Wege.

## AUSGEHEN STATT AUFGEBEN.

Wenn Ihnen alles über den Kopf wächst, hilft paradoxerweise nur eins: Alles stehen und liegen lassen und ... abschalten. Besser aber ist dies regelmäßig einzuplanen. Geht nicht, gibt's nicht. Ob einmal in der Woche Partnerabend oder allein in der Sauna brüten – kämpfen Sie um (Ihre) Freiräume! Sie haben ein Recht darauf. Notfalls mit Babysitter und / oder mit dem Griff in die Haushaltskasse. Sonst ergeht es Ihnen wie Ihrem Auto ... Wer regelmäßig die Inspektionen schwänzt, darf sich nicht wundern, wenn es bald zu klappern beginnt.

## NICHT ALLES VERPLANEN.

Freizeit ohne Leistungsgedanken schenkt Kindern Freiheit. Ihnen auch. Mal nichts machen zu müssen, sich langweilen zu dürfen ist ein Luxus, den sich kaum noch eine Familie gönnt. Doch Kinder lassen sich gern verzaubern, geben Sie ihnen Zeit und Raum. Und legen Sie selbst einmal die Beine hoch oder aber packen zu Hause mit an, vielleicht bei einer Sache, die allen Spaß macht ... Wie gesagt, es muss nicht immer das Spaßbad oder der Freizeitpark sein. Man kann auch zu Hause, im Park oder im Garten wunderbar spielen (lassen). Manche Eltern plagt ja schon das schlechte Gewissen, wenn sie mal ein Wochenende nichts Besonderes mit den Kids vorhaben. Dabei ist gerade zu Hause bleiben manchmal furchtbar inspirierend. (Das hat auch die Marketingabteilung von Ikea bereits vor Jahren erkannt und clever kommuniziert.) Also, keine Termine, kein Stress, es gibt genug Anregungen, um daheim aktiv zu werden. Ein Baumhaus basteln, alternativ

TIPP

Die PAU-Regel anwenden: **P**lanen, **a**ufschreiben, **u**msetzen (und möglichst wenig davon abweichen).

aus einem großen Karton (z. B. Waschmaschinenkarton) eine Burg bauen, basteln, den Esstisch mit Decken in eine Höhle (inkl. Gruselfaktor Taschenlampe und Tierlaute) verwandeln. Prinzessin mit Mamas Schrankinhalt spielen; Prinz in Papas Hausschuhe schlüpfen; es gibt tausend Möglichkeiten. Geben Sie sich und Ihrer Familie einfach mal die Gelegenheit, zur Ruhe zu kommen, um daraus selbst kreativ zu werden. Den meisten „Mir-ist-langweilig-Maulern" fällt nämlich erstaunlich schnell was Tolles ein, wenn mal keine Bespaßung von außen kommt. Wer Ruhe sät, wird Zeit ernten.

### NO! NEIN SAGEN LERNEN.

„Kein Problem", denken sich die meisten. Aber es stellt tatsächlich ein Problem dar, besonders häufig bei Frauen. Die weibliche Spezies will es allen recht machen, und sagt zu selten nein. Meist aus (unbewusster) Angst davor, den anderen zurückzuweisen. Und dann womöglich weniger gemocht zu werden. Quatsch! Hat eigentlich nichts damit zu tun, dennoch werden bereits kleine Mädchen in dieser Hinsicht häufig anders erzogen als Jungs: Sollen lieb und nett sein und ... zu allem Ja und Amen sagen. Aha! Männer tun sich beim Nein-sagen i.d.R. leichter. Doch Vorsicht: Kleine Gefälligkeiten summieren sich schnell und kosten Zeit und Kraft. Holen Sie tief Luft und kehren Sie im privaten wie beruflichen Umfeld Ihre „maskuline" Seite hervor: „Müssen" Sie schon wieder die Katze Ihrer Nachbarin sitten? Und sich den immer gleichen Liebeskummer der mannstollen Kollegin anhören? Sind Sie schon wieder dran mit Überstunden? Ist der Grund, warum Ihr Partner heut nicht „Kinderdienst" leisten kann ein wirklich wichtiger? Bleiben Sie ehrlich zu sich. Je öfter Sie nachgeben, desto häufiger werden Sie erneut belagert.

## EINE REISE, DIE IST LUSTIG – ALLERDINGS NICHT IMMER

Ein Urlaub sollte vorher besprochen und wohlüberlegt sein. Je mehr Personen, desto mehr Vorbereitung. Allerdings sollten die Prioritäten nicht aus den Augen verloren werden: Die meisten Utensilien bekommt man überall, wenn es nicht gerade in die Wüste Gobi geht. Bestimmte Babymilch allerdings oder das Lieblingskuscheltier sollte schon frühzeitig eingepackt und keinesfalls vergessen werden. Planen Sie rechtzeitig, bedenken Sie die Erfahrungen der letzten Jahre. Was den Stress der perfekten Erwartung nimmt: Statt sich auf Ferien/ Erholung zu freuen, ist anzuraten, das Ganze lieber als Abenteuer zu sehen. „Eine Reise machen" klingt schon für einen selbst unverfänglicher als „in den Traumurlaub" zu fahren. Dann lauert die Enttäuschung nicht an jeder Ecke, wenn nicht alles wie im Katalog ist. Und die Freude über kleine gelungene Dinge ist umso größer. Generell: In zwei Wochen Urlaub kann man unmöglich ein ganzes Jahr Frust wettmachen, deshalb sollten Sie auch Ihr Wohlergehen immer im Auge haben. Dann ist der Urlaub nur noch halb so wichtig und der Erwartungsdruck sinkt. Also: Positiv sein und großzügig über vermeintliche Makel hinwegsehen – eine rosarot getönte Sonnenbrille kann dabei helfen.

TIPP

Lassen Sie doch mal die anderen am Wochenende Frühstück machen ... :-) Das macht gleich gute Laune; Sie werden verwöhnt, die Kleinen sind stolz.

# Synergien nutzen

**KNOW-HOW IST ALLES.**

Erfahrung nutzen. Manche Menschen haben echt Ahnung und schon viel erlebt. Nutzen Sie dieses Wissen, das die meisten ohnehin gern (mit)teilen. Fragen Sie Leute, denen Sie vertrauen. Ob Hotelwahl, Autokauf, Kitaempfehlung – statt immer selbst wie wild und nicht selten uneffektiv drauf loszurecherchieren, sollte Ihr Netzwerk herhalten, um Zeit zu sparen. Natürlich können Sie dann auch gern wiederumIhren eigenen Erfahrungs-schatz teilen.

**PROFIS RANLASSEN.**

Vergaser, wechseln, Website erstellen, Küche fliesen? Es gibt die Spezies, die es liebt, sich neuen Herausforderungen zu stellen, selbst wenn sie unter (permanentem) Zeitdruck stehen. Die meisten aber fühlen sich nur zusätzlich gestresst, wenn es nicht gleich funktioniert. Deshalb: Entweder Sie lernen es selbst (richtig), z. B. bieten viele Baumärkte inzwischen spezielle Do-it-yourself-Kurse (auch reine Frauenkurse) an, oder Sie lassen es gleich die Profis machen. Das kostet zwar erst einmal etwas mehr Geld, ist aber ordentlich gemacht und vor allem haben Sie in der Zwischenzeit Freiraum für anderes ... Bitte keine „Pfennig-Pfuscher" beauftragen, denn: Wer billig kauft, kauft zweimal. Und: Schwarzarbeit ... nun, das sollte wohl klar sein.

### WARUM IMMER AUF EIGENE FAUST? SOLIDARITÄT

mit anderen (Eltern) üben. Es gibt so viele Ansatzpunkte, um sich gemeinsam den Alltag etwas leichter zu gestalten: Fahrgemeinschaften für Schule/ Sport gründen, Reihum-Mittagessen-Kochen, Kinder-Betreuung teilen: Nach Ansprache einmal pro Woche zusammen mit dem eigenen einige andere Kinder beaufsichtigen. Dafür hat man selbst dann mal frei. Oder man backt gleich drei Kuchen fürs Sommerfest und ist dafür nächstes Mal gänzlich befreit. Oder oderoder ...

### ACH, DAS GIBT ES SCHON FERTIG? VORLAGEN NUTZEN.

Vorlagen gibt es für so Vieles. Man braucht kaum noch etwas selbst erfinden – sich die Dinge stattdessen nur noch zurecht zuschieben. Voilà! Sogar heikle Sachen wie z.B. bei der Steuererklärung kann erheblich erleichtert werden. Kann man vielleicht doch die vom letzten Jahr als Vorlage nehmen? Hat sich da wirklich so viel geändert? Dann braucht man immerhin nicht von vorn anfangen. Wie früher in der Schule: Ein bisschen abschreiben und ein wenig Eigenes dazutexten (Achtung: Nicht blind kopieren, sondern sinnvoll inspirieren lassen).

## MORGEN MORGEN, NUR NICHT HEUTE ...

Gehören Sie auch zu denen, die Dinge erfolgreich vor sich herschieben, bis der Berg so hoch ist, dass man nicht mehr drüberschauen kann? Dann müssen wir trainieren, denn dieses Vor-sich-herschieben, Prokrastination genannt, frisst nicht nur Zeit, sondern verstopft auch die Gehirngänge mit überflüssigen Gedanken an unerledigte Dinge. Also gleich machen, verwerfen, oder auf eine Liste setzen, um es nicht zu vergessen.

## DER DAUMENSPORT: SMS

Nachrichten schreiben ist inzwischen zur Unart geworden. Manche (Jugendliche) reden kaum noch miteinander und vielen (auch Erwachsenen)würde ein Handy-Knigge ganz guttut. Tatsache ist: Das ständige Rumgetippe und vor allem das Warten auf Antwort lenkt von anderen schöneren Sachen ab und macht auf Dauer unkonzentriert und zappelig. Zudem ist es ausgesprochen unhöflich, in Anwesenheit anderer ständig „woanders zu sein".

Im Übrigen ist der konkrete Informationsgehalt des Rumgesimses meist gering; nichts, was man nicht in einer Nachricht oder einem kurzen Anruf oder eben später klären könnte. (Wenn Kinder im Hause sind, sollten hier klare Regeln herrschen: keine Gerätebenutzung am Tisch oder beim Gespräch. Schließlich hat es Sie doch früher auch gewurmt, wenn sich Ihr Vater/ Mann bereits beim Frühstück hinter der Zeitung versteckt hat, nicht wahr?)

## DIE RETTUNG AUS DEM FORMULARDSCHUNGEL.
## BÜROKRATIE.

Ämter und Formulare können wahre Alltagshürden darstellen. Lassen Sie sich von dem Juristendeutsch nicht einschüchtern und fragen Sie jemanden um Hilfe, der sich damit auskennt. Allein zu wissen, was ein bestimmter Begriff meint oder welches Feld wie ausgefüllt werden muss, oft auch, kann schnell einige Stunden einsparen. Lassen Sie sich zeigen, wie es geht, damit Sie es das nächste Mal selbst können. Und wie gesagt – der richtige Ansprechpartner, z. B. Mieterverein, Lohnsteuerhilfe oder Elterngeldberatung – auch direkt vor Ort? Wo genau muss ich eigentlich hin, wer ist wirklich für mein Anliegen zuständig? – ist oft schon die halbe Miete.

## NEVER ALONE. NETZWERK.

Dieses Wort setzt sich folgendermaßen zusammen: NETZ von Auffangen, WERK von Tun. Das Sicherheitsnetz knüpft sich nicht (immer) von allein. Man muss auch etwas dafür tun; auf der anderen Seite ist auch für einen selbst eine helfende Hand da, die zupackt. Ein Netzwerk – auch und gerade von „Notfallmenschen" – ist Gold wert. Leute, die einen Plan haben, wenn Sie nicht weiterwissen, die selbstlos helfen, wenn es mal drauf ankommt. Auch, wenn man es nie in Anspruch nimmt, ist es doch ungeheuer beruhigend, diesen Plan B im Rücken zu wissen. Wer über wenige soziale Kontakte verfügt, zum Beispiel wegen eines Umzuges, kann auch Vereine und Initiativen bemühen. Wer das Glück hat, solche Menschen hinter sich zu haben, sollte natürlich ein Dankeschön nicht vergessen. Denn Hilfe sollte selbstverständlich sein, aber nicht als solche angesehen werden.

TIPP

Falls es gar nicht klappt, können Sie sich auf das Prinzip „Zeit = Geld" besinnen und statt Ihrer Zeit, Ihrer Kraft und Ihres Know-hows eine Spende einsetzen. Das ist praktische Hilfe nur in anderer Form. Wenn Sie knapp bei Kasse sind, wäre das doch auch ein prima Geburtstagsgeschenk für Sie: Eine Spende an eine Institution, ein Projekt Ihrer Wahl in Ihrem Namen.

## LABERRHABARBER.

Manche Leute quatschen einem wirklich eine Frikadelle ans Ohr, schwierig, sich da loszueisen … Kennen Sie das? Sie stehen im Büroflur oder sind schon halb aus der Haustür und müssen schnell weiter – prompt verwickelt Sie jemand genau dann in ein Gespräch über Steuerschlupflöcher oder Zwergkaninchenhaltung? Nicht, dass Sie eine besondere Aversion gegen das eine oder andere hätten, aber: Warum gerade jetzt?! Zudem hält sich Ihr Interesse an diesen Themen wirklich in Grenzen. Das Problem, das langatmige langweilige Erzählen fremder Leute elegant abzublocken, ist weithin bekannt. Diese Menschen stehlen Ihnen wirklich die Zeit. Schluss damit! Zuerst müssen Sie sich klarmachen: Sie sind kein Kummerkasten. Sie müssen sich nicht alles von jedem und dann gar noch nur Negatives anhören, wo Sie sich doch auf Positives konzentrieren wollen.

**1. Regel:** Erklären Sie bei Dienstleistern klar und deutlich, dass Sie gern Ihre Ruhe hätten. Klingt vielleicht unfreundlich, ist es aber nicht. Gerade Friseure, Masseure und Nageldesigner meinen oft, es gehört von Berufs wegen dazu, den Kunden zu unterhalten. Dass manche Kunden jedoch gar keine Konversation wünschen, wird häufig übersehen. Also, freundlich aber bestimmt darauf aufmerksam machen; schließlich ist es Ihr gutes Recht, „in Ruhe", ohne Dauerbeschallung zu genießen …

**2. Regel:** Auch den Bekannten sollten Sie klare Signale senden, vor allem, wenn es um Themen geht, die Ihnen zu intim oder nicht angenehm sind. Manche Menschen haben einfach eine niedrige Schamgrenze bzw. tragen ihr Herz auf der Zunge. Sollte es Ihnen nicht gelingen, auf ein anderes Thema zu lenken, das die detaillierte Schilderung der letzten Darmspiegelung beendet, sprich, bemerkt die betreffende Person einfach nicht, dass das hier jetzt einfach nicht passend ist, spielen Sie die „Drama Queen": Sie müssen nun auf der Stelle los. Dramatisieren Sie und reden Sie sich mit einem ungeheuer wichtigen, eiligen und absolut nicht verschiebbaren Termin heraus, auch wenn Sie „nur" das Kind von der Schule abholen müssen. Wenn Sie aber ein paar Minuten übrig haben und Ihnen gerade der Schalk im Nacken sitzt, kontern Sie einfach doppelt eklig: Zum Beispiel indem Sie so genau Sie können, die Details – Konsistenz, Farbe und Geruch - der letzten der Magen-Darm-Grippe geschuldeten Auswürfe und Durchfälle Ihres Kindes zum Besten geben.

**3. Regel:** Für Familie und Freunde sollten Sie ein Ohr haben. Aber nicht zu jeder Zeit. Es ist durchaus legitim, Dinge, die warten können, auf später zu verschieben, z. B. kann man beim gemeinsamen Abendessen prima alles besprechen. Da sollte dann auch Raum und Zeit für wichtige Themen des Tages sein. Und: Sie müssen nicht jeden Augenblick des (Arbeits-)Tages telefonisch erreichbar sein. Nutzen Sie die AB-Funktion, um nicht ständig herausgerissen zu werden.

**4. Regel:** Bei Kollegen ist Fingerspitzengefühl gefragt; allerdings reicht es hier meist aus, auf den Haufen an Arbeit zu verweisen, der auf Sie wartet, um den Redestrom zu unterbrechen. Aber tun Sie dies nicht immer, sonst wird man Sie nicht mehr ansprechen, und Sie verlieren vielleicht den Zugang zu wichtigen Buschfunkinformationen in der Firma.

## TAUSCHE 3-GÄNGE-MENÜ GEGEN REIFENWECHSEL.

In grauer Vorzeit wurde statt mit Metall und Papier mit hand-festen Leistungen bezahlt. Der Tauschhandel ist so alt wie die Menschheit selbst. Auch heute noch gibt es einige Communi-ties, leicht im Internet zu finden, die eine Plattform für dieses bewährte Prinzip bieten: Es werden Leistungen getauscht. Eine super Sache, gerade wenn Geld und Zeit knapp sind. Sie sind richtig gut und schnell, in dem was Sie eh oft tun? Dann ist das vielleicht ein attraktives Angebot für jemanden, der Ihnen dafür bei einer anderen Sache zur Hand gehen kann. Zudem ergeben sich recht interessante Begegnungen(nachbarnhilfe.de, wer-kennt-wen.de ).In der Geschäftswelt heißen solche gegen-seitigen geldlosen Gefallen übrigens Bartergeschäfte.

## HÖHER, SCHNELLER, WEITER, MEHR.

Wir Europäer konsumieren, was das Zeug hält. Wie kann man Zeit-verlust vermeiden? Überlegen wir mal: Wie viel Zeit vergeuden wir damit, Werbung zu gucken bzw. ihr auszuweichen? Wie oft verglei-chen wir Angebote für Dinge, die wir nicht brauchen? Über wie viele Produkte reden, lesen und recherchieren wir, um sie dann doch nicht zu kaufen? Der Klassiker: Der alte TV läuft noch? Dann denken Sie erst über einen neuen nach, wenn der alte Fernseher kaputt ist. Ständig gibt es Innovationen – oft nur künstlich imaginierte, in der Werbesprache sogenannte falsche USPs (Unique selling propo-sition). Das bedeutet, das angeblich neue Produkt ist eigentlich das gleiche, trägt nur einen neuen Namen; „alter Wein in neuen Schläuchen".

Die Frage ist: Müssen wir das alles haben? Ist das wirklich neu?

Ist das relevant für mich? Vor allem aber: Will ich das jetzt? Abblocken. Bei Bedarf konkret und gezielt informieren. Auf Nachhaltigkeit setzen. Mehr braucht es nicht, um halbwegs verantwortungsvoll zu konsumieren. Jeder Werbebotschaft mit offenen Augen und Ohren zu begegnen, jedem Trend hinterher zu laufen, macht auf Dauer nicht glücklich, sondern müde. Ihre Zeit sollte Ihnen heilig sein. Verschwenden Sie sich nicht an Dinge, die Sie nicht wirklich interessieren. Sonst zieht sich das schnell durch alle Bereiche. Im Berufs- und Privatleben.

Den Blick auf's Wesentliche behalten Sie kurioserweise am besten, indem Sie den viel zitierten Werbeslogan „Geiz ist geil" beherzigen: Seien Sie geizig mit Ihrer Zeit. Und mit Ihrer Aufmerksamkeit.

## ZEIGEN SIE ZÄHNE

... und zwar nicht nur beim Lächeln. Um Ihre Interessen dauerhaft durchzuboxen, müssen Sie Biss haben. (Nicht zu verwechseln mit „verbissen".) Sie haben die Power, sich durchzusetzen. Intern und extern. Wenn der Klempner versprochen hat, gleich heute zu kommen und es doch nicht tut, genauso, wie wenn die Kinder das Haustier wieder nicht gefüttert haben. Sie müssen darauf bestehen, sonst tanzt man Ihnen schnell auf der Nase herum. Manchmal, zum Beispiel beim Klempner hilft aber auch der Uschi-Blick weiter: Brust raus, Augen auf und mit den Wimpern klimpern. Wenn man Sie ignoriert, muss eben die Xanthippe ran! Dann reden Sie Tacheles. Freundlich bleiben, aber nicht vertrösten oder klein reden lassen.

# Arbeit ist das halbe Leben.

**WIDMEN WIR UNS DER ANDEREN HÄLFTE.**

Nein, im Ernst. Manche Mütter entdecken erst in der Elternzeit, wie sehr sie ihren Beruf mögen. Zumindest manchmal. Wenn alles glatt läuft. Wenn man nicht die ganze Nacht zuvor ein krankes Kind gepflegt hat. Wenn ... Aber im Ernst. Die Berufstätigkeit kann eine gelungene Abwechslung zum stressigen Familienalltag sein. Vor allem dann, wenn Sie das tun, was Sie (halbwegs) gern machen. Es ist wichtig, um als Frau finanziell unabhängig zu bleiben und auch um drohender Altersarmut zu entgehen. In die Fortführung Ihrer Berufstätigkeit zu investieren, lohnt sich aufgrund vieler Aspekte. Selbst wenn Ihr Gehalt scheinbar von der damit notwendig gewordenen Kinderbetreuung „aufgefressen" wird, ist es langfristig ein ökonomischer Gewinn: Statistisch gesehen werden Sie dauerhaft wieder mehr verdienen, befördert, und besser bezahlt als nach einer langen Auszeit, wobei ein (adäquater) Wiedereinstieg mit jedem Jahr des Aussetzens ohnehin schwieriger wird. Damit allerdings die Kombination Job und Familie nicht zum unzumutbaren Horrorteam wird, kann frau einige kleine Dinge beherzigen, die helfen können: Wichtiges im Job zuerst am Tag zu erledigen, ist das ganze Geheimnis! Denn zum Einen ist man danach produktiver, weil einem nicht die ganze Zeit die Mammutaufgabe als Damoklesschwert über dem Kopf schwebt und zum Anderen, weil auch in dem Falle, dass man gleich los muss – etwa um Junior aus dem läuseverseuchten Kitagehege abzuholen – das Wichtigste schon mal erledigt ist. Zudem wäre dann ein Notfalleinsatz vor dem Chef auch leichter zu verantworten ...

TIPP

Gemeinsam arbeiten - mit Kind vor Ort ... Auch das geht, zumindest in Dresden. „Coworking" nennt sich das Teilen eines gemeinsamen Büros; die Kinder mittendrin. Gemeinsam mit einer ehrenamtlichen Kinderfrau kümemrt sich immer ein Elternteil um die Kinder, dann wird gewechselt. Das Rockzipfel-Modell läuft gut an, ist aber aber noch in der Testphase. Ähnliche Initiativen gibt es auch in vielen Städten inzwischen.

TIPP

Nutzen Sie das Mindmap-
ping. Damit können Sie
schnell komplexe Zusam-
menhänge visualisieren
und sich immer wieder vor
Augen führen. Zum Bei-
spiel: Der Hauptbegriff wird
in die Mitte geschrieben,
davon ab gehen und ver-
zweigen sich damit zusam-
menhängende Aspekte /
Begriffe. So bekommt Ihr
Gehirn einen Überblick.

## IN DER RUHE LIEGT DIE KRAFT.

Wer zu Hause arbeitet, benötigt einen separaten Raum,
entweder wirklich abgeschlossen in Form eines eigenen Zimmers
oder zumindest eine ruhige Arbeitsecke mit entsprechendem
Tisch, Licht, „Werkzeug" und allem, was dazu gehört. Psycholo-
gisch wichtig ist es, Arbeit und Privates räumlich voneinander
zu trennen. Andernfalls fällt es schwer abzuschalten bzw. Ihre
Mitbewohner nehmen Ihren Arbeitsplatz nicht als solchen wahr
und entsprechend wenig Rücksicht. Es klappt meist besser,
sprich ist effektiver, das eine vom anderen zu unterscheiden
als beides zu vermischen. Einerseits, was die praktischen Dinge
angeht, z. B. wenn die Unterlagen nicht mit Frühstücksmilch
versaut werden und man das abzugebende Angebot nicht unter
den Holzschienen suchen muss, andererseits ist der mentale
Rahmen nicht zu vernachlässigen, um „ungestört" arbeiten zu
können. Wenn für Sie glasklar ist, dass drei Schritte weiter Ihr
Arbeitsbereich und damit auch Ihre Arbeitszeit beginnt – und
Sie das deutlich und konsequent kommunizieren, lernt auch
das Umfeld schnell, dass dieser Bereich ebenso tabu ist, wie Sie
dort zu stören. Wenn Sie in der Zeit, die Ihnen für die Arbeit zur
Verfügung steht, tatsächlich etwas schaffen wollen / müssen,
ist es unabdingbar, streng zu sein. Ganz gleich, ob Ihre Arbeit
maßgeblich zum Familieneinkommen beiträgt. Wenn Sie (Ihnen)
wichtig ist, sollte sie es den anderen auch sein.

## WER SCHLÄFT, DER SÜNDIGT NICHT.

Stichwort Power Napping: In Asien ist es zum Teil weit verbreitet;
Kurzschläfchen (nur wenige Minuten) am Arbeitsplatz werden
dazu genutzt, die Akkus kurzfristig wieder aufzuladen. In der Tat

zeigen Studien den Nutzen solcher kurzen intensiven Entspannungsphasen. Und schon einige unserer Vorfahren haben diese Art der Auszeiten täglich genutzt, zum Beispiel die Bauersfrau mit den neun Kindern, die von morgens früh bis spät in die Nacht schuftete, ohne kaum mal einen Moment der Erholung zu haben. Also, es ist ganz leicht zu trainieren. Sie brauchen eine kleine ruhige Ecke, einen bequemen Stuhl und ein Entspannungs-Mantra, auf jeden Fall müssen Sie die Augen schließen und tief durchatmen. Das allein genügt bei einigen Menschen bereits, um einzuschlafen. Frauen tun sich da die ersten Male allerdings oft etwas schwerer, vor allem, wenn sie nicht allein im Raum sind.

## DER MAILER-DÄMON.

1. Regel: E-Mailen bedeutet nicht automatisch arbeiten! Im Gegenteil. Diese Tätigkeit zählt sogar erwiesenermaßen zu den meist am wenigsten effektiven Dingen im Arbeitsalltag. Der Zeitaufwand ist oft riesig, der Nutzen oft gering – selbst, wenn es sich um rein arbeitsrelevante Mails handelt. Erschreckend geradezu: Wir erhalten bis zu 1000 Mails am Tag. Spamfilter helfen bereits, die Anzahl etwas zu reduzieren, doch ein Drittel der im Büro Tätigen benötigen ein bis zwei Stunden allein für das Sichten, Ordnen und Bearbeiten der meist wenig produktiven E-Mails. Der Schaden für die Unternehmen beläuft sich allein in Deutschland geschätzt insgesamt auf mehrere Milliarden Euro. Die meisten E-Mails sind überflüssig. Sie sind anfällig für Missverständnisse. Sie schaden oft mehr als dass sie nützen, gerade angesichts der cc-Flut(andere auch mit der entsprechenden E-Mail-Kopie zu versorgen) und der

kaum einzudämmenden Spambelästigung, ganz abgesehen von wirklich schadenanrichtenden E-Mails (Mailware). Häufigster Fehler ist: Die Mail wird gelesen, aber es wird nicht reagiert. Man schiebt es auf, und so stapeln sich die Mails im Postfach. Mit jeder dazukommenden wird das Ganze unübersichtlicher. Das Gefühl, es wartete noch unendlich viel zu Erledigendes (löschen, archivieren, bearbeiten) nistet sich störend im Hinterkopf ein. Deshalb: sich selbst immer gleich fragen, ob man auf die Mail antworten muss, ob der Mensch im Mittelpunkt steht, und ob man mit einem Telefonat vielleicht besser fährt, und es überhaupt wichtig ist, und wenn ja, für wen. Für Sie? Zudem kommen viele elektronische Nachrichten in einem „Dringend"-Kostüm daher, das völliger Quatsch ist. Seien Sie streng beim Aussortieren. Vor allem aber: Lieber agieren als reagieren. Kommen Sie Ihrem Gegenüber wenn möglich zuvor, undgreifen Sie lieber schnell zum Hörer als alles aufzuschreiben, was womöglich nachher gar nicht gebraucht wird. Nur in einem Punkt sind E-Mails durchaus nützlich, zum Nachvollziehen von Geschriebenen. Wenn sich der Kunde plötzlich nicht mehr erinnert, was in dem Telefongespräch vor Wochen vereinbart war, haben Sie dies bei einer E-Mail schwarz auf weiß. Also, wichtige Sachen immer schriftlich erledigen. Wenn Sie dann E-Mails sortieren, wenden Sie die 5-Minuten-Regel an: Ist die Sache in der Mail innerhalb von 5 Minuten bearbeitbar, dann erledigen Sie dies sofort. Sie sollten Mails immer gleich entweder löschen, bearbeiten oder in einen dafür vorgesehenen Ordner ablegen. Setzen Sie beim Verschicken nur wirklich Betroffene in cc (Das würden Sie sich doch auch oft wünschen: nicht mit für Sie Unwichtigem zugeballert zu werden.) Wie bei Meetings auch, werden einfach oft die falschen Leute in Kenntnis gesetzt. Und formulieren Sie zielgerichtet; die Betreffzeile, ordentlich benannt, gibt diese schon einen wichtigen ersten Überblick über den Inhalt und dessen Relevanz für den Empfänger. Ist die Betreffzeile optimal genutzt, kann man sich die eigentliche Mail fast sparen … Eine gute Übung zum Kurz-und-knapp-Texten ist übrigens Twitter: Ihre Nachricht muss in 140 Zeichen passen. Fordern Sie das Beherzigen dieser Basics auch von den Kollegen: eine ordentliche Betreffzeile, keine cc-Flut und etwas Geduld bei der Beantwortung ihrer E-Mail-Anfragen. Bei ganz dringenden Sachen muss man eben an Ihren Schreibtisch kommen.

## MEET 2 GREET.

Meetings sind leider oft vertane Arbeits- und damit Lebenszeit. Doch statt sich frustriert die Nägel zu putzen, kann man einiges dafür tun, aufgeblasenen Treffen den Garaus zu machen. Häufigkeit und Länge kann man reduzieren, indem man den Kreis (der Redeberechtigten) klein hält, und nur die für das Projekt Wichtigsten teilnehmen. (Alle anderen erhalten ein Protokoll.) Hat man Kollegen dabei, die sich gern selbst reden hören, kann man eine Redezeitbegrenzung einführen. Und: Eine ordentliche kurze Agenda hilft, die zu besprechenden Punkte zu definieren und bereits im Vorfeld abzustecken. Teilnehmer erhalten diese Agenda vorab mit Lesepflicht. Sind Sie in der Position, später kommen bzw. eher wieder gehen zu können (zur Not mit der schwer beizukommenden Viel-Arbeit-auf-dem-Schreibtisch-Ausrede), machen Sie wann immer möglich, Gebrauch davon bzw. schicken Sie einen kompetenten Stellvertreter, der Sie danach knapp über alles Wichtige informiert. Manche Meetings machen durchaus gerade am Anfang eines Projektes Sinn. Andere kann man so lange vertagen, bis das Projekt plötzlich ohnehin abgeschlossen ist ...

## ALLES AUF EINMAL ODER LIEBER NACH UND NACH?

Wir können abwaschen und gleichzeitig nachdenken. Aber lesen und nebenbei zuhören funktioniert nicht wirklich. Mehrere Dinge gleichzeitig zu tun, geht oft Kosten der Qualität und Leistungsfähigkeit. Denn mit zunehmendem Multitasking steigt die Fehlerhäufigkeit, was die Zeitersparnis nicht nur zunichte macht, sondern sogar das Gegenteil von dem bewirken kann, was ursprünglich geplant war. Außerdem lässt sich Multitasking auf hohem Niveau nicht langfristig durchhalten. Im Endeffekt wird also alles langsamer erledigt. Amerikanische Multitasking-Studien belegen: Wer alles auf einmal macht, macht alles schlechter. Auf Dauer schadet es dem Menschen und damit auch der Produktivität. Alles parallel organisieren, Mails und SMS checken, telefonieren, Texte schreiben – gerade Frauen seien dafür prädestiniert, aber: Das geht wie bereits angesprochen nur bei Dingen, die automatisch ablaufen, z. B. laufen und am Kopf kratzen ... oder Autofahren und reden. Vieles andere ist einfach ineffektiv, kann Konzentrationsstörungen verursachen und durch Dauerstress krank machen.

## ÄH, WO WAR ICH NOCHMAL?

Wer dauernd aus seinen Gedanken gerissen wird, kann sich kaum konzentrieren. Es fällt schwer, sich immer wieder neu in das

TIPP

Prioritäten setzen! Lassen Sie sich auf jeden Fall ab und zu blicken, bei dem, was Ihrem Kind Bedeutung zumisst. Hin und wieder, vor allem bei wichtigen Anlässen sollten Sie präsent sein, um zu zeigen, dass Ihnen die Interessen Ihrer Liebsten wichtig sind. Verpassen Sie keinesfalls das wichtige Auswahl-Training oder die Schultheaterpremiere. Seien Sie dann auch voll und ganz dabei, nichts ist schlimmer als die ganze Zeit gelangweilt dreinblickende oder mit dem Telefon fuchtelnde Eltern. Diese Zeit gehört dann nur dem Kind; schenken Sie ihm Ihre volle Aufmerksamkeit. Dann wird es später auch verstehen, wenn Sie wieder etwas anderes zu tun haben. Und es kann besser nachvollziehen, wenn Sie ihm erklären, dass Sie später einmal keine Zeit haben, weil Sie selbst sich nun Ihrem Hobby widmen möchten.

Thema einzufinden und genau das kostet Zeit. Und zwar erstaunlich viel. Vermeiden Sie Unterbrechungen, egal, ob per Mail, Telefon oder durch hereinschneiende Personen, wo immer es geht. Denn es benötigt bis zu 25 Minuten (!), die Tätigkeit wieder genauso effektiv auszuführen, wie vor der Störung! Außerdem kommt frau zu nichts, wenn sie in Mutterfunktion ständig Streits schlichten, Pflaster suchen oder Saftpackungen öffnen soll.

## DAS HOBBY ZUM BERUF MACHEN.

Viele Frauen wechseln oder ändern ihren Job, wenn sie Mütter werden, vor allem, wenn sie mehrere Kinder haben. Nicht selten suchen sie sich einen gänzlich neuen Beruf; ein Teil wagt den Schritt in die Selbstständigkeit, in der Hoffnung so Familie und Berufstätigkeit besser unter einen Hut zu bekommen. Ob das funktioniert? Diese Thematik allein ist schon ein eigenes Buch wert. An dieser Stelle sei nur kurz gesagt: Ja und nein. Einerseits kann man tatsächlich Arbeitszeiten besser planen, ist flexibler und niemandem mehr Rechenschaft schuldig, andererseits werden Fehlzeiten nicht bezahlt, das Arbeitspensum ist gerade anfangs nicht weniger (eher mehr) und viele überschätzen die reine Nettoarbeitszeit, die einem neben Stillen, Naseputzen, Fiebernächten, Kindergartenplatzsuche, Organisation und vor allem Kinderbetreuung bleibt. Von zu Hause arbeiten kann wunderbar sein, spart Fahrt- und ggf. Besprechungszeiten, birgt aber auch Risiken, wie wir bereits gesehen haben, denn wer in einem externen Büro arbeitet, wird in der Regel nicht durch Mutterpflichten gestört. Wenn Sie (größtenteils) zu Hause arbeiten, muss Ihre Arbeit von allen ernst genommen werden, sonst reiben Sie sich an beiden Seiten nur auf. Das allerdings bedeutet auch, dass Sie

TIPP

Die „Geschenkekiste" mit netten Kleinigkeiten erspart langes Suchen und rettet vor allem bei eiligen Geschenken. Dort sammeln Sie einfach über's Jahr nette Dinge, die Sie kaufen, wenn Sie sie sehen. Dann findet sich in dieser Wunderbox auch wenn es schnell gehen muss, immer etwas Passendes, das man hübsch verpacken kann – und Sie müssen nicht extra noch einmal losdüsen. Man kann sogar doppelte oder unpassende Geschenke, die man selbst bekommen hat, dort wieder dem Geschenkekreislaufzuführen. Man muss nur aufpassen, dass man jemandem nicht peinlicherweise etwas „zurückschenkt". Auch Tauschbörsen (für ungeliebte Geschenke) wie „Pamundo", oder Verleihbörsen wie „Teilo" oder „Allenachbarn" haben sich etabliert. (Praktischer Aufbewahrungs-Trick: Wenn Sie es leid sind, dass sich Ihr Geschenkpapier in der Schublade häufig selbstständig macht, fixieren Sie es doch einfach mit einer leeren Klopapierrolle außen rum! Und, wo wir gerade bei Geschenkverpackungen sind: Um ein wenig Ordnung in den Schrank voller Papier, Tüten und Bänder zu bringen, bewahren Sie all das doch einfach in der größten Geschenktüte auf. So erfüllt die Verpackung gleich einen doppelten Zweck.)

erklären müssen! Sie müssen Ihrem Partner klarmachen, dass Sie nicht vier Hände haben und Familienarbeit geteilt werden muss (spätestens jetzt)! Und Ihre Kinder müssen je nach Alter verstehen, dass Sie eine bestimmte Zeit, auch wenn Sie anwesend sind, nicht (uneingeschränkt)verfügbar sind. Sie müssen lernen, dass das jetzt wichtig ist. Das kann bereits im Kleinkindalter langsam beginnen. Bei älteren Kindern zieht auch das Totschlagargument: keine Zeit zu arbeiten = keine Süßigkeiten, kein Kino, weil kein Geld verdient wird. Das ist Kapitalismus ...

## LIEBER BRENNEN STATT AUSBRENNEN.

Noch schnell zur Apotheke, ein Geschenk suchen und einen Blumenstrauß besorgen? Selbstständige und Mütter sind besonders häufig Burn-Out gefährdet. Für alles die Verantwortung, keine geregelten Auszeiten zu haben – und das über Jahre, kann einen an die eigenen Grenzen bringen. Darum ist es wichtig, vorzubeugen und sich einzugestehen, dass man regelmäßige Pausen braucht. Entgegen der Meinung vieler Mütter ist es nicht egoistisch, ab und zu mal nur an sich zu denken, nichts anderes im Kopf zu haben. Das ist befreiend und macht auf Dauer glücklich. Wer sich damit schwer tut, kann es trainieren. Auch Gehirn und Gefühlswelt müssen mal in den Stand-By-Modus gesetzt werden, ob beim Pilates, auf der Piste oder bei einem Wochenendtripp in die Kulturmetropolen, ein Ausgleich ist umso wichtiger, je stärker der (individuell gefühlte) Alltagsdruck ist. Effektiv arbeiten, und dann Tür hinter sich zu machen – das ist der erste Schritt für eine gelungene Work-Life-Balance. Niemand behauptet, dass es leicht ist; gerade bei kleinen und / oder vielen Kindern, herrschen oft „Ausnahmesituationen", die den Tagesplan durcheinander bringen: Kind krank, Kita zu, alle zu Hause, keine Ruhe; man spielt den ganzen Tag Krankenschwester, wird womöglich selbst krank, dazu Termindruck. Je weniger feste Termine einem im Hinterkopf sitzen desto besser – also als erstes den Kalender entschlacken, als zweites keine Versprechen machen (Wer nichts fest zusagt, macht sich automatisch weniger Druck.) Und drittens: für Erholung sorgen. Nach solchen Strapazen muss Zeit zum Kraftschöpfen drin sein. Am besten Unterstützung holen.

**DENKEN SIE MAL AN WAS ANDERES.**

Manchmal scheint einem alles über den Kopf zu wachsen und man sieht sich in einer Gedankenspirale gefangen, die schon lange zu nichts mehr führt. Das Gedankenkarussell dreht sich, vor allem abends vor dem immer schwieriger werdenden Einschlafen, und es scheint kein Ausweg in Sicht. Ab und an nachzudenken, sich Sorgen zu machen und Probleme zu wälzen ist völlig normal und wichtig, doch wenn der Gedankensog immer häufiger und stärker wird, uns zeitweilig lähmt und keine Resultate hervorbringt, ist es höchste Zeit, zu handeln. Es gibt Techniken, mit denen das belastende Dauergrübeln abgestellt werden kann. Zu allererst präventiv wirken:

1. einen Ausgleich schaffen.
2. sich nicht zu verfransen, nicht immer alles ein bisschen, lieber, das was man macht, ganz zu tun.
3. tägliche Pausen einzuhalten
4. sich nicht zu sehr an einer Sache festbeißen.

Gestehen Sie sich ruhig eine Grübelzeit zu: einmal am Tag, am besten am frühen Abend darf 20 Minuten lang gegrübelt werden. Danach ist Schluss, sagen Sie laut Stopp, wann immer die Gedanken wieder Überhand zu nehmen drohen. Nach der Grübelauszeit lenken Sie sich am besten ab. Zu verhindern, dass das Karussell schnell wieder Fahrt aufnimmt, ist Übungssache. Und: Es ist leichter, als Sie denken; Sie müssen es nur tun. Anderen hilft es auch, sich die Dinge von der Seele zu reden oder zu schreiben. Sind die Sorgen nämlich erst einmal ausgesprochen oder noch besser, niedergeschrieben, verlieren sie meist schon viel von ihrem Schrecken. Allein dass sie strukturiert und mit einer gewissen Distanz durch das Formulieren vor einem liegen, schwächt ihre Macht.

**TREFFEND TREFFEN.**

Gerade im Geschäftsleben machen (Kunden-/ Partner-/ Lieferanten-)Treffen meist einen großen Teil der Arbeit aus. Man hetzt von einem Meeting zum nächsten, ärgert sich über jede noch so kleine Verzögerung, weil sie den ohnehin dichten Zeitplan über den Haufen wirft und den Überstundenschwanz immer noch verlängert. Versuchen Sie es damit: Termine zusammenlegen, zur Not absagen. Vielleicht haben zwei Kunden die gleiche Anfrage und Sie wissen nicht, ob daraus überhaupt etwas wird. Dann können Sie anbieten, dass Sie sich für erste Meeting alle zusammen an einen Tisch setzen. Oder aber, dass Sie in einem Anschlusstermin zur Verfügung stehen. Für Kollegen oder Zulieferer gilt das Gleiche. Sollte das nicht möglich sein, sollten die Termine so gelegt werden, dass man danach gleich den Arzttermin anhängen oder Sohnemann bzw. Töchterchen vom Sport abholen kann. Auch gut ist, die Leute kommen lassen, oder im Café auf halber Strecke treffen. Das Geld, das sie für die Einladung dort ausgeben, sparen Sie locker wieder bei den Fahrtkosten und vor allem -zeiten. Heikler Punkt Akquise: Oft ist bei Kundenberatungen/ -besprechungen das Zuhören das A und O, aber irgendwann muss es in medias res gehen. Sonst kommen Sie zu nix mehr und machen(Zeit-)Verlust; schließlich ist gerade für Selbstständige Zeit Geld. Meist hilft es hier schon, geschickt auf das eigentliche Thema zu lenken, oder die Unterhaltung durch eine Bestellung oder den Gang zur Toilette kurz zu unterbrechen, um einen neuen Ansatz zu haben. Was das Treffen von Kunden bei Ihnen zu Hause angeht, ist Folgendes anzumerken: Der Businessbereich sollte klar als solcher zu erkennen sein, Ihr Auftreten professionell und – das allerwichtigste – es muss gegeben sein, dass Sie im Kundengespräch nicht gestört werden! Dann spricht nichts dagegen, den Kunden auch zu sich ins Home Office einzuladen, wenn man sich damit wohlfühlt. Der Vorteil: Es spart Fahrtwege und das Treffen kann sehr „authentisch"

TIPP

Im Internet tummeln sich Kommentatoren jeglicher Coleur. Für einen ersten Eindruck sind diese manchmal nützlich. Doch Vorsicht: Immer mehr Kommentare und Bewertungen sind gekauft, sowohl positive wie auch negative. Auch, wenn man ihnen das gar nicht ansieht, sprich sich diese total authentisch anhören. Viele freie Texter und Privatleute verfassen und posten gegen geringes Entgelt entsprechende Statements (z. B. bei Reiseberichten, etc.).

und persönlich wirken, je nachdem, was Sie verkaufen. Der Nachteil: Der Kunde weiß, wo und wie Sie wohnen. Was Meetings für Angestellte angeht: Bei Meetings in deutschen Firmen wird in 80 Prozent zwei Stunden lang nur Nebensächliches besprochen. Das Eigentliche bekommt nur 5-10 Minuten Raum. Vielleicht kann man ja in der eigenen Firma mal anregen, die Gesprächskultur zu optimieren: Sprechen Sie Kollegen an, die ebenfalls von der Gesprächskultur genervt und offen für konstruktive Vorschläge sind. Oder Sie passen Ihren Chef in der Kantine ab ... Wichtig ist dabei immer von den Vorteilen zu reden, die das Unternehmen davon hat und möglichst nur positive Formulierungen nu benutzen („Wir können das Nutzen für ...", „Verbesserung", „Erhöhung der Effizienz", „Zeitersparnis").

## NUR NICHT ÄRGERN LASSEN.

Ärger ist einer der, ja ärgerlichsten Zeitvergeuder. Nur selten ist an ihm etwas Produktives auszumachen, etwa wenn man es schafft, ihn in Motivation umzuwandeln. Der Job bedeutet längst mehr als nur „Geld verdienen". Er ist auch Quelle der Zufriedenheit, sollte es jedenfalls sein, wenn man sich schon jeden Morgen aufmacht ... oder? Fakt ist: Er beeinflusst unser Selbstbewusstsein und Selbstverständnis weitaus stärker, als wir annehmen. Deshalb kann Ärger oder eine zu geringe Wertschätzung der eigenen Arbeit zu Depressionen und Burn-Outs führen. Gerade in Dienstleistungsberufen mit einem eher schlechten Image fällt es zum Teil schwer, einen sogenannten „Produzentenstolz" zu entwickeln. Manchmal hilft es schon, sich die Mechanismen bewusst zu machen und sich somit vor Augen zu führen, inwiefern man den Leuten letztendlich Gutes tut. Ärger lässt sich nicht immer vermeiden, und ist er erst einmal da, muss man ihn auch rauslassen. Allerdings sollte man ihm nicht zu viel Raum einräumen. Einmal kräftig ärgern und dann abhaken, zur Not den Gedanken-STOPP in Form eines gedanklichen Stopp-Schildes anwenden, verhindert unnötigen Zeitverlust, der nur weiteren Ärger nun darüber nach sich zieht. Lernen Sie, nicht nachtragend zu sein, versuchen Sie die Perspektive zu ändern, eventuell sogar noch etwas Gutes darin zu sehen. Im Notfall hilft Humor: Wenn Ihr Chef Sie „rund"macht oder der Kunde unverschämt wird, stellen Sie sich einfach vor, wie Sie das zeternde Männlein an den Hemdschultern an der Wäscheleine aufhängen … (Oder aber Großmutters Trick: ihn sich mit heruntergelassener Hose auf der Toilette sitzend vorstellen.)

**KEIN PROBLEM: EINE HERAUSFORDERUNG.**

Wer es in seinem Job immer wieder mit Denkaufgaben zu tun hat, nutze nicht nur den Tag, sondern auch den Raum, der ihm zusteht, denn: Zu laufen, sich zu bewegen, hilft nachweislich beim Denken, am besten im Freien. Unsere Muskulatur produziert allein beim Gehen ca. 400 Botenstoffe, von denen einige deutlichen Einfluss auf die Funktionsfähigkeit unserer Organe und unseres Gehirns haben. Ansonsten sollten Sie den Arbeitsraum möglichst kahl belassen, um nicht zu viel Ablenkung zu haben, aber so anregend / beruhigend oder inspirierend gestalten, wie Sie persönlich es für nötig halten. Wichtig ist: Lassen Sie Ihr Büro nicht zu Ihrem Spielzimmer verkommen. Effizienz ist alles, ansonsten richten Sie sich einen Hobbyraum ein. Einrichtung, Technik und Accessoires sollten auf die Bedürfnisse Ihres Business abgestimmt sein. Sonst ist die Gefahr der Ablenkung zu groß. Einmal in der Woche gründlich aufräumen, radikal. Sie müssen ja nicht alles wegschmeißen, was gerade entbehrlich ist, aber in großen geschlossenen Kartons alles Überflüssige wegpacken, aus dem Sichtfeld räumen, weil sich das Gehirn sonst unterbewusst dennoch ständig damit beschäftigt, das heißt, es werden wertvolle Ressourcen für wertlose Überlungen angezapft. Raum ist wichtig, weil man nachweislich besser sinnieren kann, wenn man Platz zum Laufen zur Verfügung hat. In Bewegung funktioniert bei vielen Menschen das Gehirn einfach runder. Frische Luft, hell und freundlich, das perfekte Arbeitszimmer. Ausprobieren!

### KLEINE ZEITSCHINDER.

Sie sind stets am Limit? Schaffen Ihre Abgabetermine immer gerade noch so? Wenn es sich nicht anders machen lässt, sollten Sie dies aber wenigstens geschickt kommunizieren, um die Kollegen nicht zu verärgern. Nützliche Ausreden sind zum Beispiel: „Da bin ich dran", wenn Sie nicht zugeben wollen, dass Sie es noch nicht geschafft haben. Oder „ Ich denke darüber nach", wenn Sie wenig Interesse haben, sich (jetzt) damit zu beschäftigen. „Ich muss gleich zu einem Termin" kann tratsch-willige Mitmenschen abwimmeln. „Der Marc kann so etwas besonders gut", um zusätzliche Aufgaben abzuwimmeln. „Wer kümmert sich darum?" hilft, Aufgaben zu delegieren. „Da warte ich noch auf Antwort" ist eine mögliche Antwort, wenn man verschwitzt hat, die Anfrage rauszuschicken.

### MY HOME IS MY OFFICE.

Das Wichtigste im Homeoffice ist gute Technik bzw. gutes

Werkzeug, je nachdem, was Sie tun. Kein Schnick-Schnack! Es gibt genug Gefahren, die Sie von Ihrer eigentlichen Arbeit abzulenken drohen. Technik und Zubehör soll Ihnen den Job erleichtern, zuverlässig funktionieren undArbeit ersparen. Außerdem Ihre Nerven schonen und die Zeit für den Papierkram / für Recherchen und Kommunikation auf ein Minimum reduzieren. Vermeiden Sie Zeitverlust, indem Sie in einen schnellen Internetzugang, einen großen Bildschirm, einen ordentlichen Drucker und ggf. einen schnellen Rechner investieren. Dinge, die Ihnen helfen, die tägliche Arbeit rascher zu erledigen, sind die „Guten", Firlefanz und Halbgares die „Bösen". Vermeiden Sie Kabelsalat; das nervt und schafft auch optisch Unruhe. Planen und nutzen (!) Sie ein cleveres Ablagesystem, sonst verbringen Sie Stunden damit, irgendwelche Akten zu suchen, spätestens bei der Steuererklärung zeigt sich das Chaos. Schränke mit Sichtschutz machen das Interieur im Ganzen ruhiger. Ihr Arbeitsraum sollte im Idealfall ruhig, hell (Tageslicht oder ggf. Kunstlicht sollte indirekt von der Seite einfallen; manchen helfen auch so genannte Tageslichtlampen), und aufgeräumt sein. Wenige gute, funktionale Möbel sollten vorhanden sein, möglichst wenig Alltagsmöbel verwenden, ein bisschen „Bürocharakter" hilft in (Arbeits-)Stimmung zu kommen und wirkt entsprechend seriös auf eventuelle Besucher. Pflanzen verbessern im Allgemeinen das Raumklima und die Atmosphäre. Einige sorgsam ausgewählte Accessoires verleihen dem Büro einen persönlichen Charakter. Aber beschränken Sie sich. Vor allem sollte Sie kein Alltagszeug ablenken; mit den Wäschehaufen im Rücken arbeitet man meist weniger konzentriert als wenn alles auf „Work" eingestellt ist. Einige mögen es gar nicht, mit dem Rücken zur Tür zu sitzen, anderen macht es nichts aus. Die Tür sollte jedoch während der Arbeit geschlossen sein – auch und gerade für die Familie: schließlich sind Sie bei der Arbeit. Zur Einstimmung helfen kleine Rituale, den Anwesenden zu signalisieren, dass Sie gleich „weg" sind. Mittags eine Pause zu machen, gibt Struktur. Am besten, Sie halten sich dann außerhalb Ihres Arbeitsbereichs auf. Entspannen Sie bewusst, essen Sie am besten eine Kleinigkeit, oder verabreden Sie sich zum Essen, wenn es die Zeit zulässt. Privates und Berufliches zu trennen, ist nicht immer leicht, vor allem, wenn es an passenden Räumlichkeiten fehlt. Je mehr wir unsere Arbeit mögen, desto größer wird die Gefahr, dass wir nicht abschalten. Klare Grenzen ziehen. Auch räumlich. Tricksen Sie ein wenig: Setzen Sie Raumteiler ein (Meist wird das Wohnzimmer als größter Raum im Haus in Arbeits- und Wohnraum aufgeteilt. Ab und zu gibt es da Stress mit anderen Familienmitgliedern, die z. B. Fernsehschauen oder Musik hören möchten. Hier können Kopfhörer und Paravent oder ein Vorhang Abhilfe schaffen.)

## TIME IS MONEY.

TIPP

Einfach das Telefon oder die Klingel eine Zeit lang abstellen, oder eine Sanduhr nutzen, wenn wieder einmal jemand die Redezeit zu überschreiten droht.

Morgens ist man am leistungsfähigsten. Dieses Hoch zu Beginn des Tages sollte möglichst nicht durch Nebensächlichkeiten wie Betten beziehen oder Abwaschen verschwendet werden, sondern für bedeutendere Dinge. Am besten gleich loslegen morgens. Der Kopf ist noch frisch die Kräfte gesammelt, die Konzentration hat eine Chance. Ihre Kernarbeitszeit etablieren Sie, ob zu Hause oder im Büro, wenn möglich dementsprechend, natürlich so, dass auch Kollegen und Kunden Sie gut erreichen können, aber das muss nicht den ganzen Tag der Fall sein. Oft hilft schon ein Anrufbeantworter, den Sie anstellen, wenn Sie tatsächlich außer Haus sind oder eben an einer Sache intensiv arbeiten (Wir erinnern uns: Der größte Zeit- und Kraftfresser sind ständige Unterbrechungen). Bündeln Sie Ihre Kräfte: Nehmen Sie sich immer nur eine Sache zur Brust, die aber voll und ganz – legen Sie sich vorher einen Zeitplan zurecht, damit Sie sich nicht verfransen. Berücksichtigen Sie auch Ihre persönlichen Leistungsphasen, jeder Mensch hat zu bestimmten Zeiten Leistungshochs und -tiefs, meist geht einem die Arbeit am frühen Vormittag und am Nachmittag am besten von der Hand. Aber entschieden wird das durch die Chronobiologie. Da gibt es eben ganz eigene Typen. Wer es schafft, seine persönliche Leistungskurve im Alltag zu berücksichtigen, kann Kreativität, Produktivität und Zufriedenheit verbessern, weil man nicht ständig das Gefühl hat, gegen etwas anzukämpfen. Oft reicht es schon, die Arbeitszeiten um eine Stunde zu verschieben. Oder mit dem Partner zu tauschen: Statt die Kids morgens kindergarten- oder schultauglich herzurichten, bringt man sie lieber abends ins Bett. Bei Heimarbeit – nutzen Sie den „Heimvorteil" und richten Sie Ihren Tagesablauf so ein, wie es Ihrem Arbeitsrhythmus zugute kommt. Eine „verschlafene" Stunde morgens oder mittags kann für den Rest des Tages zwei Leistungsstunden wiederreinholen ... Probieren Sie es aus und lassen Sie sich nicht in Ihr kleines Experiment hineinreden.

## ARBEIT GEHT DURCH DIE NASE.

Gerüche wirken direkt über das limbische System auf unser Innerstes. Sie wirken sehr direkt. Experimentieren Sie mit Düften, die Ihnen gut tun. Zum Beispiel: Zitronenaroma für die Konzentration, Vanille zum Stressabbau fördern (schon die Muttermilch enthält Vanillearomen, weshalb manche Wissenschaftler die große Beliebtheit von Vanillearoma in fast allen Kulturkreisen auf diese positive Ursprungserfahrung zurückführt), Pfefferminze soll den Geist beleben und Rosenduft entspannen. Vielleicht gibt es auch einen persönlichen Duft, der einen schneller arbeiten lässt ...

## WERDEN SIE ZU IHREM EIGENEN DETEKTIV!

Wo verflixt noch mal ist bloß die Zeit schon wieder hin, fragt man sich oft. Das herauszufinden, ist eine wichtige Lektion. Welche persönlichen kleinen Zeiträuber einem manchmal das Leben schwer machen, ist relativ leicht herauszufinden. Sie müssen nur genau, konsequent und mit etwas Abstand hinschauen. Dann kommen Sie den Zeitfressern – ob privat oder beruflich - sicher auf die Spur. Dazu müssen Sie eine Woche lang diszipliniert, und auch wenn es anfangs mühselig erscheint, all die kleinen und großen Dinge zu erfassen, messen und notieren. Nehmen Sie die Zeit, am besten mit Stoppuhr oder Time-Tracker und schreiben Sie akribisch und aussagekräftig auf, wofür Sie die letzte Zeitspanne genutzt haben. Es wird erschreckend sein, wie viele zum Beispiel unbezahlte Kundengespräche Sie führen, wie viel Zeit für Bürokratisches oder scheinbar Nebensächliches, auch Unerfreuliches drauf geht. Wenn man erst einmal weiß, wofür man seine Zeit verwendet, kann man selbstbewusst entscheiden, ob das ok ist oder wo man Zeit umschichten kann. Wichtig ist es, einen Puffer fest in die Tagesplanung einzubauen. Und: Es wird trotz aller guten Vorsätze nicht gelingen, alle Zeitdiebe auszuschalten, vor allem nicht auf einmal. Lieber eines nach dem Anderen zu eliminieren wird besser gelingen.

## WENN FERTIG-FERTIG!

Wenn die Arbeit fertig ist, sollte das auch so bleiben. Keine Überstunden bzw. auf einen Ausgleich bestehen, und zwar in Form von Zeit, nicht Geld! Und nicht zusätzlich die ganze Hausarbeit allein stemmen. Sonst gerät man schnell in die Grübelfalle, die einerseits belastend und andererseits ineffektiv ist. Wenn man komplett erschöpft ist, sich dauerhaft überlastet und im Stich gelassen fühlt, denkt man selten lösungsorientiert. Und das Gedanken-Karussell hat leichtes Spiel. Wege aus der Grübelfalle: Geregelte Arbeitszeiten, auch was die Haus- und Familienarbeit angehen, Delegieren, Entspannungstechniken. Denn vor allem Frauen neigen dazu, Gedanken wie Hefeteig zu kneten, leider ohne, dass etwas dabei herauskommt. Manche ziehen sich dann zunehmend zurück, andere schlafen schlecht und alles scheint immer unerreichbarer und negativer. Wenn Sie solche Symptome an sich feststellen, schreiten Sie ein! Sorgen Sie für Ablenkung, reden Sie mit vertrauten Menschen, die Ihnen helfen, aktiv zu werden. Hobby ist das Zauberwort, Struktur geben und ausruhen. Rituale pflegen kann ebenfalls helfen: Kleine liebe Zettelchen von den Kindern, eine Blume vom Partner, ein Schulterklopfen von der Chefin, Spazierengehen, Meditation etc. – alles, was Spaß macht und guttut. Immer mal in Ruhe den Lieblingskuchen backen (lassen), (gemeinsam) Lösungen erarbeiten. Wenn die Denklinie verloren geht, kann unser drängender Wunsch nach einfachen Lösungen und unsere Erwartungshaltungen an jeder Ecke, schnell aus der Bahn werfen. Aber auch sich selbst zu viel zuzumuten oder sich zu sehr um das, was andere denken (könnten) zu scheren, kann die eigen Power lähmen. Fangen Sie an, kleine Sachen zu ändern. Sagen

**TIPP**

Das Wort „Routine" ist in unserer aufregenden, bunten, überambitionierten Welt negativ besetzt. Dabei bietet die Routine viele Vorteile: Wer bestimmte Aufgaben immer zur gleichen Zeit erledigt, gewöhnt sich an den Ablauf, ist oft präziser und es geht leichter von der Hand. Essen Sie aber auch regelmäßig zu Mittag. Vom vermeintlich zeitsparenden Zwischendurch-Snakken wird man nur rund, einsam und gestresst. Pausen sind zum Pausieren da; Arbeitszeit sollte nicht vertrödelt werden, Regenrationszeiten sind aber unerlässlich, um neue Kraft zu schöpfen.

TIPP

Survival-Kit = Verwandten-
besuche (gerade - oje im
Wochenbett) deutlich reduzieren (oder sich mit dem
Partner abwechseln)! Falls
unvermeidbar, so angenehm
wie möglich arrangieren
und / oder mit etwas Ange-
nehmen oder wenigstens
Nützlichem verbinden.
Ernennen Sie die zu lästigen
Familienmitglieder kurzzeitig
zum Kindersitter - solange
sich die Kids halbwegs
wohlfühlen – und düsen los,
um unbedingt noch schnell
ein zu kaufen oder etwas
Wichtiges zu erledigen. Dann
hat man die Zeitspanne
wenigstens gut genutzt. Der
Vorteil, wenn man Besuch
bekommt, liegt auf der Hand:
Man muss nicht selbst
losfahren. Der Vorteil, wenn
man selbst hinfährt, man
kann wieder gehen, wann immer man möchte ... So oder
so: Auf keinen Fall die Laune
verderben lassen. Wenn es
richtig doof wird, sollte man
das sagen dürfen (gilt für
alle!) und dann entsprechende Konsequenzen ziehen.

Sie laut und deutlich Stopp, wenn das Grübeln wieder einmal überhand nehmen will! Als gute Übung, wenn es wieder losgeht, hat sich bewährt: Ablenkung suchen oder Distanz aufbauen. Überlegen Sie, ob das, was Sie jetzt so beschäftigt, in drei Wochen noch relevant wäre. Vieles scheint dann nicht mehr so schlimm, wie es einem anfangs vorkam. Manchmal kann man sich auch vorstellen, es passiert einem anderen. Das Problem wird dadurch verkleinert; lassen Sie es auch bewusst in Ihrer Vorstellung auf Erbsengröße schrumpfen. Geben Sie ihm verkleinernde oder verniedlichende Namen (zum Beispiel ein „-chen" anhängen). Innere Dialoge können bewusst verändert werden, indem man Ihren Inhalt laut ausspricht. Sport, eine gute körperliche Verfassung, gerade auch mentale Übungen wie Muskelentspannung nach Jakobson oder der Bodyscan aus der Achtsamkeits-Meditation machen regelmäßig angewandt dem teuflischen Gedankenkreisen ein Ende.

Mittwoch ist Mittwoch. Und das könnte zum Beispiel bedeuten, dass Sie Mittwochs den ganzen Rechnungkram erledigen. Oder auch die Wäsche dran ist. Auf jeden Fall sollte bei der Arbeit ein Tag in der Woche genutzt werden, um Dinge gleicher Art zu erledigen. Warum? Weil es effektiver und zeitsparender ist, den gleichen Vorgang in einem Rutsch zu erledigen, als alles einzeln. Zum Einen liegt alles griffbereit bzw. die notwendigen Programme auf dem Computer sind offen. Darüber hinaus bleiben Sie gedanklich im Stoff und müssen nicht umswitchen, was Energie und Gehirnschmalz kostet. Wer ähnliche, gerade unliebsame Aufgaben auf einmal und noch dazu an einem festen Termin regelt, ist schneller. Und kommt zudem nicht in die Versuchung, dies ewig hinauszuschieben.

## DEFINIEREN SIE ZIELE.

Gerade selbstorganisierte / von zu Hause Arbeitende neigen dazu, sich zu verzetteln. Stecken Sie sich Teilziele und kommunizieren Sie diese auch selbstbewusst Kunden und Kollegen gegenüber. Niemand hat etwas davon, wenn die Arbeit doppelt so schnell aber nur halb so gut gemacht wurde.

## 3X3 IST NEUNE ...

Beherzigen Sie die 3 x 3 Regel, wenn es Ihnen zu viel wird: Am Abend erstellen Sie drei Listen mit je drei Punkten. Beider ersten Aufzählung finden sich die Dinge wieder, die am nächsten Tag unbedingt erledigt werden müssen. Nicht mehr als drei bitte! Auf der zweiten Liste versammeln Sie die Projekte, die sie gern realisieren würden (die Ihnen am Herzen liegen). Und auf der dritten die Aufgaben, die bald in Angriff genommen werden müssen (wie die Steuererklärung z. B.).

Mit dieser einfachen in ihrer Kürze bestechenden Prioritätenauflistung haben Sie alles aus dem Kopf auf das Papier gebracht, was von Bedeutung ist: Das, was wirklich unaufschiebbar

TIPP

Kind krank, was nun? Es gibt in vielen Städten einen Notbetreuungsdienst. Die Kinder können in ihrer gewohnten Umgebung bleiben. Die „Notfallmamas" in Hamburg z. B. kosten zwar 25 EUR die Stunde, schaffene s aber innerhalb der Stadt uin zwei Stunden da zu sein. Falls mal ein ganz wichtiger Termin nicht abzusagen ist, sie ihr krankes Kind aber nirgends unterbringen können. Es gibt auch ehrenamtliche Helfer, München, Berlin, etc.: Der Verein „Zu Hause gesund werden" nimmt nur 5,20 EUR / Std,, Der Notmütterdienst ab 15,30 EUR; es gibt sogar eine Rund-um-die-Uhr-Betreuung. Die entstandenen Kosten kann man als Sonderausgaben steuerlich geltend machen. Und ... inzwischen beteiligen sich auch viele Arbeitgeber daran, weil sie das immer noch billiger kommt als das Fehlen ihrer Angestellten. (Einfach mal beim Chef nachfragen.)

TIPP

Manche Menschen sind tatsächlich erst einmal überfordert, wenn Sie sich Ihre Arbeitszeit selbst einteilen können. Einige neigen dazu, die Arbeitszeit zu vertrödeln, andere arbeiten am Stück durch, ohne zu pausieren. Beides wird langfristig nicht gutgehen. Ein paar einfache Regeln unterstützen beim Mittelmaß finden: 1. Einmal am Tag rausgehen/ Außenkontakte pflegen. 2. Vermeiden, ständig über unerledigte Haushaltsaufgaben zu stolpern. 3. Den Arbeitstag bewusst abschließen. Tür zu, fertig! Feierabend. (Übrigens kann Ihr Arbeitszimmer unter bestimmten Bedingungen steuerlich geltend gemacht werden, wenn es Berufstätige betrifft, für die es der Mittelpunkt Ihrer beruflichen Tätigkeit ist.) Tapetenwechsel? Es muss nicht gleich ein anderer Raum sein. Ab und zu etwas umzustellen, eine neue Jalousie, eine neue Raumkonstellation, so etwas bringt neue Impulse. Apropos: Gönnen Sie sich in Ihrem Homeoffice eine Denkecke, wenn möglich, wo Sie bequem und ungestört grübeln können, falls Sie keine Lust auf Rumlaufen haben oder einfach mal die Beine hochlegen wollen. Manche genießen dabei auch den Anblick eines kleinen Deckengemäldes ...

morgen zu erledigen ist (die Pflicht); das, was Ihre Passion ist (die Kür) und das, was bald mal angegangen werden muss, um dem Strudel des „Auf-den-letzten-Drücker" zu entkommen. Zudem können Sie so gedanklich mit dem Tag abschließen. „Es ist alles geregelt". Zu wissen, was wann zu tun ist, hilft ungemein gegen das Gefühl, im Chaos zu versinken. Die Zauberformel ist hierbei aber die Kürze.

## DIE RICHTIGEN TASTENKÜRZEL.

Die kleinen Helferlein bei der PC-Arbeit: Tastenkürzel! Z.B. Microsoft Word: Neben Kopieren (Strg + C) und Einfügen (Strg + V) gibt es noch viele praktische Tastenkombinationen, doch diese sind die wichtigsten. Lernen Sie die für Sie relevanten einmal auswendig und Sie werden staunen, wie schnell alles von den Fingern geht; das gleiche gilt übrigens für das Erlernen des 10-Fingersystems (etwa in Volksschulkursen).

# und sonst so ...

## ALLES REIN UND ZU: DIE RUMMELSCHUBLADE.

Oder die Rummelkiste, der Rummelkarton ... Hier greift das zwei-stufige Entsorgen, gerade wenn man so sehr an Dingen hängt, dass es einem schwer fällt, sie einfach wegzugeben. Es wird ein Zwischenlager angelegt, z. B. für alte Klamotten, gilt aber auch für Papierkram. Was eigentlich Unwichtig ist wird weggeräumt. Wenn man etwas nach zwei Wochen oder sechs Monaten nicht gebraucht hat, benötigt man es voraus-sichtlich auch die nächsten zwanzig Jahre nicht. Also direkt in die Tonne oder in den Alt-Kleider-Container. Und um weitere Müllansammlungen zu vermeiden: eine Schublade für Krimskrams freihalten, ruhig eine in jedem Raum, die mindestens einmal im Jahr beherzt ausgemistet wird. Was wirklich unerlässlich ist, wird wegsortiert. Der Rest kommt weg, denn erste und einzige Regel ist, nach dem „Sperrmülltag" ist die Schublade wieder leer. Ganz leer.

## QUALITY TIME.

Da war doch noch was ... Die Beziehung. Vielleicht bekommen Sie Ihren Lebenspartner nicht so oft zu Gesicht. Die Gründe können vielfältig sein: Arbeit außerhalb, Krankheit oder der Partner ist anderweitig nur eingeschränkt verfügbar; vielleicht auch einfach nur zu viele Überstunden. Viele Paare, auch mit Kindern, führen inzwischen eine Wochenendbeziehung. Das ist auch für die Organisation nicht leicht. Zwar berichten einige

TIPP

Erwerbstätigkeit und Haushaltsführung sind laut Bürgerlichem ge-setzbuch gleichwertige Leistungen. Führt ein Ehepartner ausschließlich den Haushalt, ist der Erwerbstätige für den finanziellen Unterhalt der Familie verantwortlich. Dazu zählt neben ausrei-chendem Wirtschaftsgeld auch eine Summe (ca. 5 % des Nettoeinkommens), die dem haushalts-führenden Partner zur freien Verfügung steht.

Mütter, dass sie unter der Woche besser organisiert seien als am Wochenende. Ja, da der dann anwesende Partner schier alles durcheinanderbringt, was so mühsam in geordnete und handelbare Bahnen gelenkt wurde; dennoch fehlt vielen eine Hälfte. Wenn also aus irgendwelchen Gründen der Gegenpart (temporär) fehlt, heißt es zu überlegen, was wo wer? Die verbliebenen Pflichten sollten in einem offenen Gespräch angesprochen und aufgeteilt werden. Schließlich möchte nicht der eine für das gemeinsame Wochenende den Rest der Woche mit Chaos „bezahlen". Andererseits sollten keine übertriebenen Erwartungen an den Gegenüber gestellt werden, wenn er denn da ist. Denn auf Dauer wird beides der Beziehung, den wenigen gemeinsamen Stunden schaden: totale Inanspruchnahme oder ständiges „Ärger-Runterschlucken". Nie vergessen, nichts ist perfekt. Und wer sich zu viel von dem Superurlaub, dem genialen Wochenende erhofft, wird schnell enttäuscht. Auch gemeinsame Zeit ist Alltag und sollte, so wie die Weihnachtsfeiertage es gern werden, nicht überfrachtet werden. Flexibel bleiben, auch flexibel im Timing! Verplanen Sie die gemeinsame Zeit nicht bis auf die letzte Minute, auch wenn es lieb gemeint ist. Ihr Partner wird sich schnell bevormundet fühlen und will vielleicht einfach nur entspannt Zeit mit Ihnen und den Kindern verbringen, statt unzählige Freunde zu treffen oder gesellschaftlichen Verpflichtungen in seiner kargen Freizeit nach zu kommen. Das macht nur doppelt Stress für alle! Und keiner hat mehr Lust, sich auf etwas einzulassen, falls er immer wieder gleich losspurten muss, wenn es gerade am schönsten ist. Verabredungs-Hopping ist keine gute Idee: Entschleunigen Sie und lassen Sie Raum für Spontaneität, z. B. nach den gemeinsam erledigten Pflichten.

Tipp: Der Kardinalfehler junger Eltern ist folgendes Szenario: Er kommt von der Arbeit (endlich) nach Hause, sie drückt ihm das Baby in die Hand und beide streiten, weil keiner versteht, wieviel der andere am Tag geleistet hat – jeder in seinem Bereich. Deshalb: reden und Rollen tauschen! Wenn möglich immer wieder mal, zumindest aber, sich klar machen, was der Partner alles tut und wie man am besten die gemeinsame Zeit mit den anfallenden Pflichten und To-Dos halbwegs schön und harmonisch aufteilen und gestalten kann, ohne dass immer alles an Ihnen hängen bleibt. Bei den meisten Paaren hilft eine klare Aufgabenverteilung, wer ist wann für was zuständig? Das ist ja nicht in Stein gemeißelt und wird den Erfordernissen des Alltags wenn nötig angepasst.

## GLAUBWÜRDIG:

Bleiben Sie authentisch! Wenn Sie Ihren Kindern hoch und heilig versprochen haben, mit ihnen in den Zoo zu gehen, dann sollten Sie dies auch tun. Denn je öfter Sie sie enttäuschen, desto schwieriger wird es, Ihre Glaubwürdigkeit und Vertrauenswürdigkeit zu bewahren. Auch wenn wieder einmal zu viel Arbeit auf Sie wartet, die Dinge, die Sie versprechen, müssen Sie auch halten. Und: Arbeit ist nicht alles. Überlegen Sie im worstcase: Was ist dauerhaft „schlimmer". Ihren Kunden / Kollegen oder Ihre Kinder zu enttäuschen? Um Ihr Gesicht zu wahren, kann auch mal eine Alternativstrategie gefahren werden: Statt dem stundenlangen Ausflug wird ein kurzes Eis als Trostpflaster gegessen, aber erschüttern Sie das Vertrauen Ihrer Lieben nicht dauerhaft. Damit Sie nicht eines Tages zu den Elternteilen gehören, die „spät bereuen" ...

TIPP

Entspannen im Alltag? Anfangs genügt es schon, sich bewusst zu entspannen. Drehen Sie sich zur Ecke, oder zum Fenster, lassen Sie die Lider schwer werden und versuchen Sie gedanklich fortzureisen an einen schönen beruhigenden Ort. (Es darf ruhig kitschig werden - mit Palmen und Wasserfall oder hohen Gipfeln und Bergluft.) Wenn Sie es ernsthaft versuchen, und auch bei kleinen Störungen nicht aufgeben, werden Sie merken, wie sich Ihr Puls verlangsamt und Ihr Atem beruhigt. Um nicht den restlichen Arbeitstag zu verpennen, empfiehlt sich ein kleiner Trick (so hat es Einstein angeblich gemacht ...): Halten Sie beim Wegdösen einen Schlüsselbund in der Hand. Wenn Sie einschlafen, wird er herunterfallen und klirren. So wird man automatisch wieder wach, wenn es Zeit ist, den Kurzschlaf zu beenden - erfrischt. (PS. Wenn Ihr Chef verständnislos guckt, bringen Sie ihm eine Beleg-Studie mit bzw. erklären Sie ihm, dass Sie nach den paar Minuten Power Napping noch konzentrierter arbeiten und außerdem Ihre Frühstückspause dafür nutzen. Toll ist natürlich, wenn Sie Kollegen dazu motivieren können. Von den einen belächelt, werden die anderen keine fünf Tassen Kaffee mehr benötigen, um den Nachmittag zu überstehen.

## FÜR SCHÖNE MOMENTE SORGEN.

TIPP

„Wer heute keine Zeit für
seine Gesundheit hat, wird
später viel Zeit für seine
Krankheiten brauchen"
(Sebastian Kneipp). Es
lohnt sich, in Prävention zu
investieren. Das müssen
Sie auch in Ihrem Umfeld
kommunizieren, wenn die
Gesichter mal wieder lang
sind, weil Sie zum Sport
gehen oder Zeit für Ihr Hobby
/ Ihre Freunde einfordern.
Viele Krankenkassen bezu-
schussen übrigens Sport-
und Ernährungskurse oder
„belohnen" vorbeugendes
Verhalten anderweitig.

Lassen Sie die Sorgen, die der anderen sein. Konzentrieren Sie sich immer wieder auf's Wesentliche und lassen Sie Ihren Ärger auf die Kollegen oder Kunden nicht an denen aus, die Sie lieben. Gehen Sie lieber stramm im Wald spazieren und schimpfen vor sich hin oder hantieren laut und aggressiv mit den Töpfen, wenn Ihnen das hilft. Zeit mit Ihrer Familie sollte, wann immer möglich, harmonisch verbracht werden, das heißt nicht, dass nicht disku-tiert werden darf. Aber machen Sie mal einen unkomplizierten kleinen Ausflug, lassen Sie die Kinder was vorschlagen, zeigen Sie Ihnen was Neues, das Ihnen wichtig ist — wer sagt, dass Kinder nichts mit abstrakter Kunst anfangen können? — stellen Sie den Alltag auf den Kopf.

Es kann ein Heidenspaß sein, bei schlechtem Wetter einfach mal im Wohnzimmer zu picknicken, Blutwurst und Gummibärchen in einem Topf zu kochen und zu probieren oder ein lustiges Brett-spiel mit allen anzugehen ... Verkleiden, verstecken, schminken, rumwerfen, nassspritzen, Schimpfwörter ausdenken, Quatsch sagen, sogar Klingelstreiche werden „das Kind" in Ihnen und Ihrem Partner wecken; Sie müssen es nur mal machen. Nutzen Sie Zeitfenster zum Steinchen werfen, Blätter sammeln, Schnecken beobachten, auf Bäume klettern oder in Pfützen hüpfen statt zum Boden wischen (saugen reicht heut) oder Fernsehgucken. Gerade wenn Sie müde und erschöpft sind, wirkt frische Luft oft Wunder und Sie werden staunen, wie frisch Sie sich plötzlich wieder fühlen, wenn Sie den inneren Schweinehund mit einem Belohnungsknochen weggelockt haben.

## INFORMATIONSDIÄT:

Hören Sie einmal im Leben auf die Frauenzeitschriften und betreiben Sie MdH und WdH = Mach die Hälfte und Wiss die Hälfte. Halbieren Sie für den Anfang Ihren Input (vor allem an überflüssigen Informationen) und Output (Nehmen Sie sich weniger vor). Wir müssen nicht alles sehen, aufsaugen und behalten.

Gönnen Sie sich Pausen, Muße und Leerlauf, um da präsent und konzentriert zu sein, wo es drauf ankommt. Lieber das wissen, was relevant ist; für den Rest muss man nur wissen, wo es steht. Nicht die Neugier zu verlieren, aber dann aufnehmen, wenn Platz und Zeit dafür ist - bewusst. Tipp: ToDo-Diät: Mach die Hälfte! Weniger Dinge vornehmen und – die meisten Dinge reichen auch „halb gemacht".

## DIE LIEBEN VERWANDTEN:

Hand aufs Herz. Jeder hat doch die eine oder den anderen, die Schwiegermutter oder den Schwippschwager, den man eigentlich nicht jede Woche sehen möchte. Aber ab und zu stehen dann doch Pflichtbesuche an. Um allgemeiner Langeweile und endlosem Im-staubigen-Wohnzimmer-Rumsitzen zu entgehen, plant man besser eine schöne Unternehmung, wie in ein Tierpark- oder Spielplatzbesuch. Somit entkommt man zumindest der räumlichen Enge. Das hat auch den Vorteil, dass man flexibel ist, was die Aufbruchszeit angeht. Man muss niemanden, den man zu Besuch hat, umständlich aus den eigenen vier Wänden hinauskomplimentieren.

TIPP

E-Mails nur zwei Mal täglich checken! Wer alle paar Minuten reinschaut, gibt dem Zeitfresser Nummer eins zusätzlich Futter. Und nicht vergessen: Lieber ein Ding richtig, als zwei halb. Zu viel bzw. falsches Multitasking schadet mehr als dass es nützt.

TIPP

Als erstes sollten Sie das automatisch eingestellte Abrufen Ihrer Mail im Minutentakt abstellen. Sie müssen nicht jede Sekunde sehen, was reinkommt; 70 % sind Müll, 20 unwichtig und der Rest kann 2 Stunden warten. Das ständige Postfach-kontrollieren und die Anzeige, dass Neues da ist, lenken nämlich nur ab. Immerzu werden Sie aus dem, was Sie gerade konzentriert machen (sollten), herausgerissen und schielen auf die Mails. (Das Gleiche gilt für ein Handy, das neben dem Arbeitsplatz liegt und ständig leuchtet oder piept.)

## ROT – GELB – GRÜN!

Abarbeiten nach dem Ampel-System. Sie leiden an einer schweren Form der „Aufschieberitis"? Da sind Sie nicht allein. Wir neigen dazu, (vermeintlich wichtige) Dinge vor uns herzuschieben. Dabei verstopfen sie nur unseren Kopf, wenn wir sie vertagen. Handeln Sie nach dem Ampel-System. Grün: Sie erledigen die Dinge ein für allemal und zwar gleich, Orange: Sie setzen sie auf eine reduzierte Liste, die an einem später festgelegten Zeitpunkt abgearbeitet wird, und verbannen sie dann aber konsequent aus Ihren Gedanken. Rot: Sie streichen sie rigoros von Ihrer Liste. Tipp: Maximal: 5 Dinge auf Ihre Später-Liste setzen und an einem Ort ablegen, wo Sie nur alle paar Monate mal nachschauen. Sonst kommen Sie vom Regen in die Traufe und diese Liste hängt wie ein Damoklesschwert jeden Tag über Ihnen. Wenn Ihnen wichtige Dinge zu groß erscheinen, teilen Sie deren Erledigung in verschiedene kleine Teilschritte und beginnen Sie sofort damit. Denn: Was wir nicht innerhalb von 72 Stunden anfangen, machen wir meist gar nicht mehr.

## SIE KÖNNEN GETROST VERZICHTEN AUF:

### Bügeln

Das ist noch ein Ding der älteren Generationen. Theoretisch muss man heute nichts mehr bügeln. Es gibt genug Alternativen. Und meist reicht ein kurzer „Brautstrich", zweimal rüberhuschen, das muss genügen. Dieses Alles-muss-faltenfrei-sein, von der Unterhose bis zu Bettwäsche, ist antiquiert. Das Credo: Lieber Zeit für ein gemeinsames Spiel als gebügelte Socken!

### Fenster putzen

So lange man beim Hindurchschauen erkennen kann, ob es Tag oder Nacht ist, ist alles in Ordnung. Nur wer großen Wert auf die Meinung des Postboten legt, sollte häufiger als ein- bis zweimal im Jahr die Fenster putzen (lassen). Im Frühling stellt sich mit den Sonnenstrahlenvielleicht von selbst bei einigen Ihrer Mitbewohner der Wunsch nachdem „Durchblick" ein bzw. der Widerstand gegen Lappen und Glasreiniger erlahmt mit steigenden Temperaturen. Auch ein Incentive ist erlaubt: Fensterputzen gegen Kinokarten ...

### Desinfizieren

Alt bewährte Reinigungsmittel genügen zum Putzen in einem Durchschnittshaushalt völlig aus. Abgesehen von einer wirklichen – nicht durch die Werbung suggerierten - medizinischen Notwendigkeit sind Desinfektionsmittel so überflüssig wie ein Kropf. Ja, zum Teil schaden Sie sogar der Gesundheit. Die meisten Krankheitserreger überleben auf Gegenständen ohnehin nicht lang. Mit ständiger Desinfektion im Haushalt erreicht man nur das Gegenteil: Man zerstört das natürliche Gleichgewicht. Und ob die Produkte überhaupt da wirken, wo sie es tun sollen, ist auch nicht sicher. Ganz abgesehen von den Nebenwirkungen. Schließlich würden Sie ja auch nicht prophylaktisch überall Antibiotika verteilen.

### Besteck und Gläser polieren

Wenn Sie Lust und Zeit haben und in Erwartung von hohem Besuch sind, können Sie das tun. Andernfalls ist eine gute Stimmung am Familientisch wichtiger als jeder Wasserfleck.

TIPP

Mal in Ruhe arbeiten statt putzen?! Machen Sie es wie Thomas Mann. Der weltberühmte Schriftsteller war dafür bekannt, dass sein Arbeitszimmer und seine dort verbrachten Stunden heilig waren. Er durfte während seiner Schaffenszeit nur gestört werden, wenn das Haus brennt. Seine Frau hat sein Leben lang konsequent alles, auch die Kinder, von ihm ferngehalten, wenn er arbeitete. Ihre Lebensaufgabe bestand darin, ihn zu beraten, zu unterstützen und „es ihm angenehm zu machen". Nun hat kaum einer das „Glück", einen solchen Partnerwie „Frau Thomas Mann" zu haben. Und ganz so arg wollen wir es auch gar nicht treiben. In der Praxis scheint es eher schwierig, wirklich abgeschottet einer Tätigkeit nachgehen zu können. Dennoch sagen Sie es, schreiben es als Hausregel auf und heften es an die Tür: Ihre Kernarbeitszeiten dürfen nur im Notfall unterbrochen werden.

### Staubwischen (indoor)

Staubwischen kann Stunden dauern, vor allem innerhalb der Schränke. Jedes Fach muss aus- und wieder eingeräumt werden. Sinnvoll ist das Wischen dort kaum: Die Flächen sind meist wenig staubig, denn Staub bildet sich vor allem draußen. Abgeschlossene Räume wie Schubladen neigen zu sehr geringer Staubbildung. Dieses Gemisch aus Hautschuppen, Pollen, Bakterien und Kleinstfasern sollte daher nicht überschätzt werden.

### Kühlschrank abtauen

Klar, wenn Sie am Samstag Abend nichts anderes vorhaben, bitte sehr. Ansonsten geht es auch ohne, denn eine geringe Stufeneinstellung verringert den Stromverbrauch auch so.

### Betten machen

Wen stören zerwühlte Decken und Kissen? Sie? Oder die kleine Grummelhexe in Ihrem Kopf, die so eine verflixte Ähnlichkeit mit Ihrer Schwiegermutter hat? Nein, Ihren Mann stört es? Na dann ist die Lösung ganz einfach: sein Part. Ansonsten Finger weg; sieht heut Abend eh wieder so aus. Und Ihr Schlafzimmer ist für Besucher doch sowieso tabu. Also, wozu jeden Tag die überflüssigen Handgriffe, wenn es Sie nicht stört? Sie sind kein Zimmermädchen und Sie wohnen nicht in einem Hotel.

# Nachwort.

**Die Zeit vergeht nicht schneller als früher, aber wir laufen eiliger an ihr vorbei. (George Orwell)**

Ok, es sind mehr als 100 Tipps geworden. Ich habe beim Schreiben gemerkt, dass es einfach noch viel mehr zu sagen gibt ... und wir sind natürlich noch lange nicht am Ende. Wer weitere Tipps und Vorschläge zum Thema Zeit sparen hat, sei herzlich eingeladen, mir zu schreiben oder noch besser, dies auf der Facebookseite zum Buch (mit) zu teilen. Nicht jeder Aspekt trifft auf jede Familie zu. Und nicht alle Tipps sind die Lösung. Aber sie sollen anregen, zum Hinterfragen, Optimieren und Kreativwerden animieren. Ich wollte ein Buch schreiben, das einerseits hilft, den Alltag

TIPP

Multitasking? Die Lösung ist, genau auszuprobieren, was bei Ihnen geht. Aus Erfahrung weiß ich, einiges macht sogar Spaß. Zum Beispiel beim Joggen Musik oder im Stau ein Hörbuch zu hören. Auch das Putzen geht mir leichter von der Hand, wenn ich mich unterhalten kann und beim Gassigehen träume ich mich manchmal in den letzten Urlaub zurück oder entwerfe Geschenkideen. Viele Menschen können gerade in der Natur und in Bewegung besonders gut denken, ggf. sogar das Steuerproblem im Kopf lösen.

etwas leichter zu koordinieren, zum anderen aber auch um das Selbstbild viele Frauen zu überdenken beziehungsweise neu zu fokussieren ... Ich wollte erreichen, dass wir mal wieder über uns selbst nachdenken, uns und unsere persönlichen Bedürfnisse nicht aus den Augen verlieren und auch einige Dinge, die von außen als selbstverständlich angesehen werden, hinterfragen. Nach welchen Normen und Werten wollen WIR uns richten? Was ist UNS, nicht dem Chef, nicht den Nachbarn, nicht der Verwandtschaft wichtig? Welche Entscheidungsfreiheiten haben wir? Welchen Spielraum? Und warum trauen wir uns so oft nicht, einfach mal „Nein" zu sagen? Die Selbstverständlichkeit ist unser größter Feind. Der Kühlschrank ist leer, das Kind krank oder ein Arzttermin mit dem Haustier steht an? Klar machen wir das. Familienfeier organisieren, Hilfe beim Kitaausflug erwünscht, der Frühjahrsputz steht an? Stets sind wir zur Stelle – oft ohne überhaupt noch darüber nachzudenken. Sofort fühlen wir uns angesprochen, funktionieren wir, schließlich werden wir ja gebraucht. Manchmal sind wir oben, alles geht gut von der Hand, wir haben Power und fühlen uns super. Dann jedoch sind wir erschöpft, schon morgens, die Lawine von Tagesaufgaben scheint unbesiegbar. Und wir fühlen wie auf einem rutschenden Abhang stehend (vom Vergleich mit dem alten Sisyphos mal ganz abgesehen), in der Psychologie „Slippery-Slope-Syndrom" genannt. Und dann wundern wir uns. Aber ist das eigentlich ein Wunder? Es handelt sich dabei um ein gesamtgesellschaftliches Phänomen: Wir sind heute anders gestresst und erschöpft als noch vor zehn Jahren; früher fühlten wir uns eher physisch erschöpft, heute mental. Steigende Mobilität, steigende Leistung am Arbeitsplatz, steigende Ansprüche an die Freizeitgestaltung, und nicht zu vergessen der Fluch (neben dem Segen) der neuen Medien. Das blöde ist, die ganze Familie leidet, sind die Eltern gestresst, werden auch die Kinder „anstrengender". Stress ist ansteckend. Also, den Blickwinkel ändern (das Gefühl, die Dinge im Griff zu haben, macht zufrieden, denn es zeigt, wie man das Geschehen bewertet: Ist das Glas halb voll oder halb leer?), Prioritäten setzen, Anti-Stress-Rituale und Zeit für Wichtiges freischaufeln!

Nichtsdestotrotz: Die Frage, wie wir mit der uns verbleibenden Zeit umgehen, bleibt. Aber ab und zu sollten wir einfach mal die Stopptaste drücken und kritisch und ehrlich prüfen, ob wir noch auf dem Weg wandeln, den wir uns gewünscht haben. Ob wir uns nach unseren Vorstellungen und nicht zu sehr nach denen anderer richten. Änderungen, gerade kleine, sind nötig und oftmals viel einfacher als wir uns vorstellen; es ist nur ein Fünkchen Mut dazu nötig und schon fühlt man sich wieder vielmehr in seiner Spur, weil die Dinge auch mal nach den eigenen Vorstellungen laufen. Bei aller Bereitschaft, uns für unsere Familien, Freunde und Kollegen aufzuopfern, bleibt doch der wichtigste Mensch: Wir selbst. Denn nur eine glückliche Mutter kann langfristig eine „gute" Mutter sein. Sich selbst verleugnen bringt auf Dauer nur eins: Frust, Neid und Enttäuschung. Deshalb sollten wir unsere Situation selbst in die Hand nehmen, uns an kleinen Siegen freuen und uns für große Veränderungen Unterstützung holen.

Das positive Denken nicht unterschätzen. Wer mehr Zeit mit positiven Gedanken als mit schlechten verbringt, wird automatisch ausgeglichener.

TIPP

Machen Sie Pausen, bevor Sie sie brauchen. Schließen Sie Sachen ab, vor allem abends. Rituale wie die Tür zu schließen, eine Tasse Tee zu genießen – all das kann helfen, „runterzukommen". Wenn die Gedanken im Bett dennoch zu kreisen, braucht das Gehirn eine Aufgabe: z. B. eine Reise durch den eigenen Körper. Lenken Sie Ihre Gedanken zuerst auf die Füße. Wandern Sie dann von unten nach oben den Körper hinauf, alle Körperteile einzeln wahrnehmend. Auch morgens kann das helfen. Ein echter Muntermacher: Fenster auf, ein paar leichte Dehnübungen, zehn mal tief ein- und ausatmen. Öffnen Sie bewusst die Tür zu Ihrem Home-Office und stellen Sie sich, voll bekleidet, Ihrem „Arbeitstag". Setzen sich bewusst an Ihren Platz. (Auch so genanntes „Naturcoaching" soll helfen, sich zu „erden". Übungen im Wald: Zur Ruhe kommen, Gelenke lockern, mit den Füßen den Boden fühlen. Beim Spazierengehen soll der Wald wie von einem Kind erlebt werden, an einen Baum gelehnt wird seinen Wurzeln nachgespürt. Von Survival-Trips bis zur spirituellen Sinnsuche ist alles möglich; die Natur hat positiven Einfluss auf unser Wohlbefinden. Also: Schlechtes Wetter gibt es nicht; nur unzweckmäßige Kleidung ...)

Exkurs junge Familie: Ein kleines Kind ist eine große Herausforderung. Gerade jetzt ist Zeit oft Geld. Vieles, was Zeit spart, kostet Geld – und das ist bei jungen Familien in der Regel knapp. Doch gerade zu diesem Zeitpunkt kann bezahlte Hilfe zumindest übergangsweise sehr hilfreich sein und ist – obgleich man(n) es vermeintlich selbst machen kann, gut investiert – in das Nervenkostüm und den Haussegen.

Und noch etwas ... Ok, nicht vergessen / falsch verstehen; gerade in den ersten 1-3 Jahren brauchen Kinder sehr viel Zeit und Aufmerksamkeit. Da kann eigentlich nicht genug Zeit „investiert" werden, wovon im Übrigen beide Seiten meist ein Leben lang profitieren. Allerdings kommt wohl jede Mutter früher oder später an ihre Grenzen, wenn sie alles allein machen will / muss ... Also sollten wir lernen, Hilfe anzunehmen. Damit es uns gut geht. Damit es dem Kind gut geht. Und der ganzen Familie.

Zum Abschluss bleibt folgendes zu bedenken. Miguel de Cervantes sagt: „Ein Lob ist so viel wert wie der Mensch, der es ausspricht." Also sollten Sie Kraft und Zeit in die Menschen investieren, die Ihnen wirklich wichtig sind. Alle anderen, Bekannte, Kollegen, selbst Verwandte, müssen sich ggf. mit den „Zeitkrümeln" begnügen. Das hat nichts mit der Tatsache zu tun, dass Sie im Notfall stets sofort zur Stelle wären. Doch der (All-)Tag hat nun einmal nur 24 Stunden, von denen wir noch ein Drittel verschlafen (sollten). Sie können, dürfen und sollen frei über Ihre Zeit verfügen, jeden Tag. Es ist Ihr Leben; und Sie haben nur eines!

# Ideen zum Weiterlesen ...

**Jamie Oliver:** „Jamies 30 Minuten Menüs"(DorlingKindersley Verlag , 2011)

bzw. „Jamies 15 Minuten Küche" (DorlingKindersley Verlag , 2012)

**Werner Tiki Küstenmacher, Lothar Seiwert:**"Simplifyyour Life: Einfacher und

glücklicher leben" (Knaur, 2008)

**Friedrich Hainbuch:** „Progressive Muskelentspannung: Körperliche und seeli-

sche Spannungen lösen. Einfache Übungen, schnelle Erfolge. Extra: Atem-

übungen zur Intensivierung" (GU, 2007)

**Eileen Roth:** „Organisiert am Arbeitsplatz für Dummies" (Wiley-VCH Verlag

GmbH & Co. KGaA, 2009)

**Florian Rustler:** „MindMapping für Dummies" (Wiley-VCH Verlag GmbH & Co.

KGaA 2011)

**Kathrin Passig und Sascha Lobo:** „Dinge geregelt kriegen - ohne einen Funken

Selbstdisziplin"

**www.vbm-online.de (VBM - Verband berufstätiger Mütter)**

**www.meinespielzeugkiste.de**

**www.kochzauber.de, www.so-schmeckts.de, www.hellofresh.de**

**Mit weniger Dingen leben: Tausend Dinge**

www.brandeins.de/magazin/relevanz/hab-aber-gut.html

oder www.imgriff.com/2011/01/28/minimalism-mit-100-oder-weniger-din-

gen-leben

**Geburtstagsparty-Themenkisten:** www.jako-o.de

**Gut informiert in 100 Sekunden:** www.tagesschau.de/100sekunden

**Hilfe für Eltern:** www.wellcome-online.de

**Hilfe für arbeitende Eltern:** www.rockzipfel-dresden.de

www.notfallmamas.de, zu-hause-gesund-werden.de,

www.notmuetterdienst.org und „Eltern-Kind-Büro":

**Tipps zum Elterngeld Plus:** Linktipp: http://www.n-tv.de/ratgeber/So-funk-tioniert-das-Elterngeld-Plus-article12952781.html

**Fotosortier-Programm, das z. B. doppelte rausfiltert:** PhotoSweeper (iOS)

**Tauschbörsen (für ungeliebte Geschenke):** Pamundo;

**Verleihbörsen:** Teilo, Allenachbarn

**Tauschbörsen private Dienstleistungen:** nachbarnhilfe.de, wer-kennt-wen.de, exchange-me.de

**Umweltfreundliches Einweggeschirr:** z. B: von Papstar aus nachwachsenden Rohstoffen (aus Bio-Kunststoff)

**Muskelentspannung nach Jacobson:** mit Übungen auf CD von Anja Schwarz und Aljoscha Schwarz von BLV Buchverlag (2011)

**Yoga für dich und überall:** 60 unglaublich nützliche Übungen - für jedermann und jeden Tagvon Ursula Karvenim Goldmann Verlag

**www.allein-erziehend.net, www.betreut.de, www.babysitter-express.de**

**Thomas Blubacher:** „Wie es einst war. Schönes und Nützliches aus Großmutters Zeiten" Insel Verlag, Berlin 2013

App „Kleiderkreisel" kostenlos Kleidung online tauschen, verkaufen

**Glückliche Dreckspatzen** – Ein Plädoyer für eine Kindheit voller Matsch und Liebe von Helga Gürtler im Patmos Verlag (2011)

**Kleingeld:** www.reisebank.de Währungen aus 100 Ländern nach Hause.

**Zusammen reparieren:** www.rapaircafe.org

Hier in rund 40 dt. Städten gibt es schon ehrenamtlich betriebene Repairca-fés. Vor Ort sind Reparaturexperten sowie Werkzeug vorhanden. Reparieren statt wegwerfen, ob Wollstrümpfe, Mixer oder DVD-Player. Man kann auch selbst ein Café gründen über das Netzwerk ...

# Wo kann ich Zeit sparen?

Wege einsparen/ verkürzen?

Umziehen / Schule / KiTa wechseln

Einkäufe / Erledigungen zusammenlegen

Fahrgemeinschaften bilden

Ordnung halten

Auf Wissen zurückgreifen

Weniger kaufen / weniger selber machen

Vorkochen (lassen)

Aufgaben abgeben / Putzplan, Putzhilfe

Babysitter engagieren

Partner einspannen, Freunde / Familie helfen lassen

Weitere außerfamiliären Hilfen / Betreuungsangebote wahrnehmen

Ansprüche runterschrauben (Perfektionismus adé)

Weniger Mailen / Surfen

Öfter mal Nein sagen

Kollegen mehr einspannen

Arbeitszeit reduzieren

Meetings vermeiden

Weniger Dinge (auf einmal) tun

Hobbys / Besuche (der Kinder) / Pflichtbesuche reduzieren

Gezieltes Multi-Tasking

Freizeitstress vermeiden

Fernseher und Internet nur bewusst nutzen

Überflüssige Fotos gleich löschen

„TO DOs"

Zeit bewusst wahrnehmen

Lockerer werden

Improvisieren

Weniger grübeln (einfach machen / nicht machen)

Öfter mal durchatmen

Powernappen

Mehr Lachen

Den anderen (Kindern / Partner / etc.) mehr zutrauen / zumuten

Individuelle Prioritäten setzen


**Genauso wichtig: Was mache ich mit der gewonnenen Zeit?**


Für mich:


Für uns:


Für andere:

Barbara Schilling
Columbo
Ein Hund für alle »Felle«
Kurzgeschichten

## Columbo - Ein Hund für alle „Felle"

Sind Sie schon einmal von einer feuchten Hundenase geweckt worden? Die Autorin beschreibt im vorliegenden Sammelband die verrückten Erlebnisse des tollpatschig liebenswerten Golden Retriever Rüden „Columbo" und seines Frauchens - meist aus Sicht des Menschen, manchmal aus Sicht des Vierbeiners...

*ISBN-13: 978-3833480218*
*9,90 €*

## Grundlagen des Marketing

Dieses Buch vereint anschaulich die Marketing-Grundlagen aus Theorie und Praxis und ist sowohl für Marketingfachleute in der Ausbildung als auch in der Arbeitswelt geeignet. Inhalt: Markt, Wettbewerb, Marketing-Mix, Werbelehre, Planung, Konzeption, Kommunikationspsychologie, Multi-/ Social-Media, Gestaltung, Research, Nachhaltigkeit.

*ISBN-13: 978-3732244836*
*15,95 €*

## Papa App

PAPAWERDEN leicht gemacht.
Infos, Tipps und Checklisten auf über 120 bebilderten Seiten. Erfahren Sie Woche für Woche alles, was Sie über Papa, Mama und Baby wissen müssen.
*www.babyblogbuch.de*